U0004969

台灣原住民 67

太魯閣族
神話與傳說

田哲益（達西烏拉彎・畢馬）
———— 著

晨星出版

作者序

來自聖石的傳說

　　神話與傳說故事是一個民族的集體潛意識，它讓每個民族的生命充滿不同的色彩。由於位居太平洋之隅，台灣一直是個多元文化匯聚的島嶼。16 世紀之前，這塊土地是由人類學者所稱的南島語族（Austronesian）所居住。這些族群大約是在距今五、六千年以前即住在這裡，他們活躍在台灣這塊土地上。花蓮縣位居台灣東部，也是島上原住民族群數量最多的一縣，其中包括阿美族、太魯閣族、布農族、噶瑪蘭族、撒奇萊雅族、賽德克族及西拉雅族等族群。

　　康培德教授認為：台灣的原住民一直過著傳統的漁獵、採集及游耕的生活。社會組織大多以氏族為核心而形成的部落聚居。南島語族為無文字與貨幣的民族，在與外來文明接觸之前，數千年來的生活方式一直保有豐富的口傳文化以及樂於分享的部落生活形態。然而自 17 世紀以降，大量的外來族群及殖民帝國的政權強勢介入，使得原住民族的傳統文化，無論是社會組織、經濟生活、原始宗教信仰或是生命與價值觀

等，均遭受到巨大的衝擊。數百年來，居住在台灣這塊土地上的原住民，深受強大的外來政權主體影響，若要對原住民文化有較深刻了解，必須從他們的傳統文化及社會組織形態著手，其中更需要以口傳文化為主體來考量，神話與傳說是當中不可忽視的文化要素。另外，傳統的生活形態、社會組織、信仰樣貌等也都具有相當的重要性，更何況現今隨著耆老凋謝，舊有文化的內容及精髓也迅速消失中，因此傳統文化樣貌的記錄更是刻不容緩之事。

神話與傳說故事起源於一個民族的情感與信仰，先民對自然災害的恐懼與未知，以及對萬事萬物的想像力，都是神話與傳說故事的來源之一，每個民族都流傳著不同的故事，且反映了人類發展史演進的生活經驗與關係，包含許多人與自然界相處的內容。我們可以從太魯閣族的故事裡，看到他們在大自然中必須面對的困難，也獲得了與大自然共同生活的重要思維與相處的邏輯。

　　太魯閣族傳說故事和宗教信仰、生活習俗、文化藝術有很密切的關係，並不斷地在部落裡流傳，是族群文化的源頭，也是一個族群的精神寄託，更是表現其族群的特殊性與思維脈絡。神話與傳說故事植根於一個種族初民的信仰，圖騰與禁忌往往是超自然解釋宇宙萬物的現象。

　　神話與傳說故事的敘述，往往是用原始的思想方式，講述人類與大自然的關係，具有一定宗教的價值與風俗的遺存。趙衛民教授認為：人死後有鬼魂在不可見的幽冥世界的鬼魂論，也有解答生命之謎的各種創造論，也有由怖慄意識產生原始敬天畏天的天道論。神話與傳說故事有解釋自然現象、開天闢地創世紀、人類生命的起源、宇宙洪水、征服大自然的神話、日月星辰等。神話的特質是傳達神奇玄妙的誇張敘述、擬人化的表述，如生與死、圖騰信仰、聖人英雄、山河海神、天堂和地獄、祖靈與神鬼、輪迴與因果定律等。一個民族的神話是原始的形式，當進化為文明民族後，部分神話保留了下來，流衍成為美麗的傳說，也成為文學的聖殿。

　　太魯閣族的神話與傳說故事題材與內容，是觀察其古代生活的表述，反映部落的社會結構，對一個民族的文化賦予思維意識，理解其社會、情感生活與歷史等是相當重要的因素與媒介。

　　為了要訪查花蓮地區的撒奇萊雅族、太魯閣族、賽德克族、噶瑪蘭族、西拉雅族等族群的歷史文化及神話與傳說故事，現居花蓮市已經是第七個年頭了，過去出版了《撒奇萊雅族神話與傳說及火神祭》，其他族群亦在近期內會相繼出版。感謝上蒼給我很好的體力，還可以上山下海從事訪查工作，也感謝獨自住在南投水里的妻子全妙雲小姐全心全意的支持。走過已經逝去的七年，謝謝自己的執著與堅毅，希望讀者喜歡這本書。

田哲益　序於花蓮市寓所

2020年5月

目錄

太魯閣族創世神話

第一章

一、石生人神話

採錄者：田哲益

採錄時間：2019年10月3日

採錄地點：花蓮縣秀林鄉水源部落

口述者：賴天文（62歲），太魯閣群

．．．．．．．．．．．．．．．．．．．．．．．．．．．．．．．．．．．．．．．

　　在靠近南投地方的白石山，有一塊很巨大的岩石，傳說太魯閣的始祖就是從這裡走出來的。有一男一女始祖，從岩石裡走出來，他們互為夫妻，繁衍太魯閣族人。

　　太魯閣族人認為他們發源於南投地方的白石山，從大岩石裡走出男女二人，他們就是太魯閣族始祖。

一、祖先生自大岩石

採錄者：李詩經

資料來源：李詩經〈太魯閣風情錄〉

．．．．．．．．．．．．．．．．．．．．．．．．．．．．．．．．．．．．．．．

　　今天南投縣的仁愛鄉發祥村「麻稀托巴翁」的台地上，約在十、十一代之前翻越奇萊山主峰向東發展遷入木瓜溪、立霧溪流域。我們這族英勇善戰，在台灣北區山地獨霸一方，清代漢人和日本人都稱為「山大王」。（註一）

本則故事謂太魯閣族原始祖先：

（一）祖先創生於一塊大岩石上。

（二）創生大岩石位於南投縣仁愛鄉發祥村「麻稀托巴翁」的台地上。

（三）太魯閣族是英勇善戰的「山大王」。

三、樹根生人神話

採錄者：田哲益

採錄時間：2019年10月4日

採錄地點：花蓮縣秀林鄉富世村可樂部落

口述者：詹秋貴（70歲），太魯閣群

傳說太魯閣族的始祖是從樹根生出來的，這個地點是在南投縣境仁愛鄉的白石山，從大樹根走出一男一女始祖，這就是太魯閣族的祖先。女的是姊姊，男的是弟弟，世界上就這兩位人類。這一男一女來到這個世界上，他們逐漸長大了，到了適婚年齡，姊姊首先有了繁衍人類的意識，於是設計弟弟與自己成親。姊姊說：「弟弟呀！你已經到了應該結婚的年齡，明天你到山腳下，那兒有一塊巨石，裡面住著一位黑臉的女子，那就是你的妻子了。」第二天，弟弟下到山腳，果然發現一塊巨石，裡面真的有一位黑臉的女子，於是就跟她成親了，繁衍了人類，就是我們太魯閣族人。

本則故事認為太魯閣的始祖是從大樹根生出來的，也就是從大樹頭生出：

1. 太魯閣族曾一郎藝師
   漆畫紋面
2. 太魯閣族男女壁畫

(一)太魯閣始祖的創生，這個地點是在南投縣境仁愛鄉的白石山。

(二)白石山上有一棵巨大的樹根，從樹根裡走出一男一女始祖。女的是姊姊，男的是弟弟。

(三)姊弟逐漸長大，到了適婚年齡，姊姊設計弟弟與自己成親。

(四)姊姊化妝成黑臉的女子，讓弟弟不疑有他而成親了。人類由此繁衍。

四、樹生神話

資料來源：佐山融吉等編，余萬居譯《生蕃傳說集》

....

　　很久很久以前，有一棵非常巨大的樹木，高聳直立探入雲端，枝葉茂密鬱鬱蒼蒼，連太陽都被巨木的繁茂樹葉遮蓋掉了，因此大地總是一片黑暗。有一天，巨木近根部的地方生出了四隻腳且全身長毛的動物，這就是萬獸之祖。接著又生出頭頂有瘤而身軀如樹幹、雙腳如樹根的生物，成為了人類始祖。在這個由巨木樹幹所化成的男性軀體中，又生出男女二人，這就是我們的祖先。後來，樹冠層上也生出了兩種動

物，一種形狀細長，不能直立，只能匍匐前進，這就是蛇的始祖。另一種身體輕盈，臂膀很長，可以在地上行走，也能在空中飛，這便是鳥類的始祖。

本則故事是動物生成的探討課題：

(一)巨木根部生出了四隻腳，全身長毛的動物，這就是萬獸之祖。

(二)萬獸之祖生出頭頂有瘤而身軀如樹幹、雙腳如樹根，是人類始祖。

(三)樹幹化成的男性軀體中，又生出男女兩人，這就是太魯閣族的祖先。

(四)樹冠層上生出了兩種動物，分別為蛇和鳥類的始祖。

五、白石山創生神話

台灣原住民有「樹生」傳說與「樹神」崇拜。根據神話傳說，大樹是他們祖神的象徵，且俗信最好死後歸向大樹，在祖神的庇護下，才能超昇。例如：1931年（昭和6年）所發生的「霧社事件」，族人不甘戰敗屈降，在一棵樹木就上吊幾十人。這種現象被解釋為基於傳統的文化禮俗——歸向祖神的庇祐，在大樹的懷抱中安於解脫。（註二）

博諾澎（Bunobon）係由太魯閣族人的 Boso-kaxouni 的訛音，意即「樹根」，相傳族人從神奇的老樹樹根誕生，此樹根長在中央山脈的白石山上，南投霧社諸群、花蓮太魯閣諸群等族人信之。

達奇達雅群有這樣的流傳：「古時候，在中央山脈博諾澎地方，有一棵半木半石的大樹，即其半面為木質，半面為岩石，頗為奇怪。有一天樹的木質部分變為神（即木精化為神），由內產生男女二神，此二神產下多數子女，其子女又繁衍子嗣，人口因而逐漸增多，終致地方狹窄

不夠居住。」這則傳說說明祖先發源地為中央山脈「博諾澎」地方，其祖從大樹所生。

白石山海拔 3,108 米，位於霧社東南方，中央山脈高山以南的主脊，是濁水溪支流萬大溪與花蓮縣支流萬榮溪 Tsiyakan（知亞干溪）的發源地。白石山鄰近山區有白石池、萬里池等高山湖泊，與高山草原構成柔美壯麗的景觀。以白石山為發祥地者認為是萬大北溪上游的白石山上的老樹根所誕生；有傳說則認為此發祥地在白石山北面的亞干山嶺東側，即今木瓜溪支流清水溪上源。（註三）

以白石山為發祥地的還有南投縣仁愛鄉的霧社群（Tauda）以及德魯固群（Truku）；花蓮縣秀林鄉、萬榮兩鄉的太魯閣群（Truku）、陶賽群（Tausai）以及木瓜群（Pulibau）等。

李嘉鑫〈到奧萬大神岩請別帶鐵齒〉：「白石山……地位神聖非凡，不可冒犯，如果不得已路過或必須在此露宿的話，不可以在附近溪中洗澡，也不可以說話，如果非說話不可，不能直呼東西的名稱，而必須用特別的專有名詞代表。再者，如果狩獵時，意外追捕野獸至此，在彎弓欲射殺獵物之前，也要先向巨岩禱告請求寬恕，言明是在打獵而非要以箭射擊神石，否則會立刻遭受天譴。據說曾經有一度，一支住在萬大社的小型狩獵隊伍，成員包括六位大人以及一位小孩，隨性走到禁地之後，當中有人以樹葉包著吃剩的飯丟向神石，馬上颳起狂風襲人，強風吹到七人的衣服都破爛不堪，最後六位大人，全部迷路罹難，只倖存小孩哭著回到部落。」

白石山是祖先出生地，所以很神聖，不能隨便說話，不能在河水洗澡，說話時，要用特別的表達方式，不能直接說出什麼事物，例如：石頭不說石頭，月亮不說月亮，下雨不說下雨，而有其他表示的詞（專用

語）。族人對於其祖先發祥的岩石，非常尊敬，不敢冒犯，本則故事即是冒犯神石的悲慘下場。(註四)

　　按原住民在許多的場合中，對於語言的表達使用有諸多禁制，像是祭典時的語言禁忌，其他如狩獵、出草、馘首等時機都有專門使用的術語。

六、白石山發祥神話

採錄者：張致遠
採錄地點：花蓮縣秀林鄉銅門村
口述者：林兆德
資料來源：張致遠〈花蓮泰雅之旅〉

....

　　白石山（3108公尺）上的Pusu'pudono（石筍），是太魯閣族誕生三種傳說之一。Pusu'pudono是太魯閣族先人發祥地，是南投與花蓮東西交通的隘口，岩石高數十米，上半截具女子形象，岩石下方常有礦質紅水滲透，有人撿過日本錢幣，可能有寶藏在內。突稜無樹處有水源（可能指萬里池），凡是族人進入此區必須以小米祭拜，保持嚴肅不得嬉笑或以手指比劃，曾有對新婚男女自南投來東部玩，歸程夜宿於岩石下，女人突然大腹便便，回去後不治身亡，一肚子的水晶石。(註五)

　　本則故事：

（一）白石山上的Pusu'pudono，是太魯閣族誕生三種傳說之一。

（二）族人進入Pusu'pudono地區必須以小米祭拜。

（三）在Pusu'pudono地區必須保持嚴肅不得嬉笑或以手指比劃。

七、神以泥土創人神話

採錄者：田哲益

採錄時間：2019 年 10 月 3 日

採錄地點：花蓮縣秀林鄉水源部落

口述者：賴金枝（82 歲），太魯閣群

....

　　遠古時代，有一位神，根據自己的形象，用泥土製作捏製兩個人的塑像，完成後覺得非常滿意，便把自己的氣息吹給了兩個泥偶，泥偶開始呼吸，有了氣息，這就是人類的始祖。兩個泥土捏塑的人，一個是男始祖，另一個是女始祖，自此世間就有了人類。

　　本則故事說明人是泥土捏塑的：

（一）有一位神用泥土捏塑一男一女兩個人的形象。

（二）神把氣息吹給了兩個泥偶，泥偶就有呼吸了，這就是人類的始祖。

八、神以泥造人神話

採錄者：田哲益

採錄時間：2019 年 10 月 3 日

採錄地點：花蓮縣秀林鄉水源部落

口述者：賴天文（62 歲），太魯閣群

　　神用泥造人的故事，我有聽說過，但是基督宗教也有類似的故事，不知道這是否傳載於《聖經》，還是我們太魯閣族人也有這個故事，我也不知道。

　　有一個傳說與《聖經》的故事很相似，就是神用泥造人的故事，是否太魯閣族人也真有此傳說，不得而知。

註釋

註一：李詩經〈太魯閣風情錄〉。

註二：參簡榮聰〈台灣原住民族的樹神崇拜：泰雅族篇〉。

註三：田哲益《台灣的原住民泰雅族》。

註四：同註三。

太魯閣族起源傳說故事

第二章

　　由於太魯閣族缺乏民族起源的文字記載，因此我們只能從其神話與傳說故事中蠡測，以暫時作為史前時代的太魯閣族人類起源與發展憑據。當然未來在地下陸續發掘的考古文物中，將成為最有利的證據。

一、大陸渡海來台說

　　據許多文獻記載，約在五、六千年前，祖先抵達台灣西部平原或台地，再沿著溪谷進入山區居住，初始居住於今南投縣仁愛鄉境內的深山，最後再東遷至現今花蓮縣秀林鄉以及萬榮鄉一帶。

　　張致遠〈花蓮泰雅之旅〉：「太魯閣族由台灣西部遷往東部的原因何在？原來是兩部落分散居住，一強一弱，相約在某個吊橋上拚鬥，先由頭目出面兩相見，比劃哪一方的吼聲大表示人多勢眾，結果是弱部落頭目出奇制勝，另一部落只好往東方遷移。」（註一）

　　太魯閣族早期可能分布於台灣西部海岸，其後因族人繁殖、居住地附近獵物銳減，或因後來移入的部族侵略，才舉族向山區遷徙。

二、海外來源說

　　太魯閣族人上古時期是由南洋一帶乘船而來，登陸後定居於台中至台南的平原上，這就是早期的發祥地，後來在平原上因與平埔族不和而被驅逐，逐次向台灣中部高山地區遷移（《秀林鄉誌》，2006，頁133）。（註二）

三、台灣南部登陸起源說

依據族人耆老田信德（82歲，民國93年6月1日口述），傳述另一位耆老 Saydang Wasaw 說的故事：在久遠時代，太魯閣族的祖先，搭乘漂流木（指船）於台灣南部上岸，因被早期平地人追殺而逃至深山，首先到達位於埔里南方叫做「愛蘭」（Ay-Ran）的地方。再從那裡繼續逃命至深山（Truwan），即今南投縣仁愛鄉合作村平生部落，在 Truku Truman 有五個平台（Truku，即山腰的平台），分別是：Sadu、Bushi、Truwan、Brayaw、Bushi Daya 等五個部落，這就是太魯閣族最初的根源。

四、台中平原說

深山人不知幾千年前是住在台中平原，當時族人非常兇悍，與平埔族人發生了戰爭，因為平埔族人數很多，太魯閣族戰敗就遷移至今南投縣仁愛鄉平生部落 Truwan（楢崎太郎《附太魯閣翻蕃沿革誌〔上〕》，台北：台南新報社台北支局，1914年12月10日，頁1-2）。（註三）

依照口傳史，太魯閣族原在台中平原與平埔族相鄰，且勢力曾超過平埔族，後因漢人進入台中平原，平埔族生活空間被漢人擠壓，而太

1│2

1. 太魯閣族男的勤奮女的賢淑
2. 太魯閣族女子擅舞

魯閣族又被平埔族擠壓到霧社。約四百年前，部分族人由南投山區東遷，移至立霧溪上、中、下游一帶，散住在山區、河谷、台地等處，形成一百多個部落。日治時期，原住民被強制遷到容易管理的區域，後來又因謀生、政治、經濟變遷等複雜的因素，遷到現今各部落。（註四）

五、西部平原說

鄭成功（1662-1683年）時代，太魯閣族人從西部聚居地開始翻越山脈到達日月潭、埔里等地，後又大膽跨越海拔3,000公尺的中央山脈，來到立霧溪、木瓜溪流域。在以「家族」為中心的部落結構維繫出的緊密連結，克服了山居生活耕地不足、異族侵擾和初來乍到等環境適應不良的問題，今仍能綿密的銜續歷史記憶。（註五）

六、Ay-Ran（愛蘭）說

太魯閣族祖先到達的地方是位於埔里南方的「Ay-Ran」，而自台中平原到現今的平生部落（Truwan）。祖先遷移路線為 Suwil、Smlaan Lukus、Puqan Rudux、Mujiyan、Bhbuh、Dgiyaq Towngan、Sbahu、Habun、Bungu Gsilung、Meebung、Gayus Beenux、Yayung Sabun、Panwan、pludux、Twanan。Twanan 住了一段時間後，遭到平地人襲擊，就遷移到現在平生部落（Truwan），太魯閣族一共遷了十餘處地方才抵達 Truwanan。因當時獵區狹窄以致族人在生存空間與資源不足的情況下，逐漸向東遷移，一支遷往到花蓮，一支則遷至靜觀。（註七）

七、牛眠山祖居地說

資料來源：鄧相揚《霧社事件》。

....

太魯閣族祖先傳說以中央山脈的白石山（Bunobon，3,108公尺）為發祥地，惟部分流傳於族內的說法，謂其來自今南投縣埔里鎮境眉溪以北地區的牛眠山，此地曾是泰雅族澤敖列亞族馬著（Murauts）系統眉社的根據地，但太魯閣族是否曾於此居住，因無史籍記載，無法確知。（註七）

本則故事：

（一）中央山脈的白石山是太魯閣族祖先的發祥地。

（二）也有一說太魯閣族祖先來自南投縣埔里鎮境眉溪以北地區的牛眠山。

註釋

註一：張致遠〈花蓮泰雅之旅〉，《野外》167期，1983年1月，頁52。

註二：王玫瑰總編輯《移動的記憶（一）：太魯閣族部落史及家鄉資源調查成果冊》，花蓮秀林鄉公所，2015年12月，頁20。

註三：同註二。

註四：阮若荷〈慕谷慕魚的山光水影〉，《宇宙光雜誌》408期，2008年4月，頁52。

註五：《花蓮縣原住民文化手冊》，花蓮市，台灣原住民族文化館。

註六：同註二。

註七：參引鄧相揚《霧社事件》。

太魯閣族祖居地與
舊社部落的故事

第三章

一、太魯閣祖居舊部落托魯望

資料來源：沈世哲〈花蓮泰雅族大家長廖守臣〉

....

　　據花蓮太魯閣族各群的口述，認為其祖先最早移自托魯望，此地在南投縣仁愛鄉霧社以東的十餘公里，與泰雅族的發祥地距離不遠地方。依照各族群移民路線來說，他們是由西部平原遷入山區，後經埔里、沿眉溪流域抵達霧社及其他附近地方定居。（註一）

　　本則傳說故事謂花蓮太魯閣族的祖先，是從南投縣仁愛鄉「托魯望」（達魯灣）遷徙至花蓮。

二、太魯閣群祖居舊部落靜觀

資料來源：啟明・拉瓦〈希望的方向：迎向希望的未來——部落進出〉

....

　　太魯閣群舊部落位於靜觀部落處北方略高的山坡上，須從上部落經產業道路繞道而行。部落西臨濁水溪，沿著山稜緩坡分散……聚落位置東高西低，東西長、南北寬，約成三部階梯小台地……聚落原址已遭人承租墾植，現已無任何完整屋基或現象殘留，僅剩一長約4米、高1米的疑似屋基基牆。是一個又遭墾植破壞的舊都落。（註二）

　　太魯閣群舊部落位於靜觀部落處北方略高的山坡上，惟原址已遭人承租墾植，已無任何完整屋基或現象殘留。

我們總以為我們什麼都知道，其實我們什麼都不瞭解。沒有永遠的部落，所有的現在都會成為過去。

啟明・拉瓦〈希望的方向：迎向希望的未來——部落進出〉中說：「人不停地在走動之如部落永遠在移動，此刻原住民遭遇的現代化難題，事實上在任何時期都面臨之，這不是少數民族的適應問題，而是全人類文化都面臨的難題。原住民今天的困境，也是下個世代的困境，更是永遠的困境。走出去，就是一番新天地。」

三、太魯閣族部落的形成

採錄者：田貴芳、鍾正華、楊素美、妮娜、尹影、林美蓮

採錄時間：2003 年 3 月 10 日

採錄地點：花蓮縣秀林鄉水源村

口述者：仲金生

太魯閣族祖先是從南投來的，為了狩獵輾轉往山區發展尋找獵場，之後就定居在一個區域。過了一段時期又往山區再去尋找新的獵場，之後又落居在另一個住區。太魯閣族就是這樣形成部落。(註三)

本則故事敘述太魯閣族原本居住在南投縣境，由於尋找狩獵獵場，輾轉往更遠的山區發展，太魯閣族就在山區建立了無數個部落。

四、強迫遷徙至不同的地方

採錄者：田貴芳、鍾正華、楊素美
採錄時間：2003年3月10日
採錄地點：花蓮縣秀林鄉水源村
口述者：仲金生

　　我最懷念的事情是以前我讀書的時候有一位最要好的朋友，名叫 Rikaw Teylung（勒高・德依隆），我們無所不談，但讓人難過而懷念的是我們分別遷移到不同的地方，我到現在仍不知他遷移到哪個部落，我非常想念他。(註四)

　　這是一則日本政府實施集團移住的故事，造成同部落之人移住不同地區。

五、巴奇干部落

採錄者：田貴芳、鍾正華、楊素美、妮娜、尹影、林美蓮
採錄時間：2003年3月14日
採錄地點：花蓮縣秀林鄉佳民村
口述者：仲信興

　　我的父母出生於中橫公路上方，從 Goryu（合流）上去的深山部落，部落名稱為 Pajigan（巴奇干，族語唸法為 Pcingan），位於慈母橋

右方山腰的高山平台。Pajigan 部落要走一段很長的路，要花費好幾天的路程，到了 Mkheyang（馬黑揚）部落後還要再走上去。（註五）

這是巴奇干舊部落的地點，位於馬黑揚部落的上方。

六、巴奇干部落

採錄者：田貴芳、鍾正華、楊素美、林美蓮、吳秀蘭、妮娜、尹影
採錄時間：2003 年 3 月 7 日
採錄地點：花蓮縣秀林鄉水源村
口述者：徐文財

我出生於 Pcingan（巴奇干）部落，部落人口很多，大概有七十多戶，部落頭目是 Umin Iban（烏明·依畔）。我在 10 歲時讀日本教育所 Pcingan（巴奇干）四年級，到了 14 歲畢業。17 歲的時候，就遷到我現在居住地 Sakura（水源）部落。（註六）

本則故事敘述巴奇干部落是大聚落，大概有七十多戶。報導者徐文財還在巴奇干教育所讀過小學，17 歲時才遷移到現居地水源部落。

七、普拉腦部落

採錄者：田貴芳、鍾正華、楊素美

採錄時間：2003年3月10日

採錄地點：花蓮縣秀林鄉水源村

口述者：仲金生

　　我出生在 Branaw（普拉腦）部落，當時的部落頭目是 Sudu Ukan（蘇吐・烏干）。Branaw 部落住區滿大的，大概有四十多戶。雖然是一個大部落，但是管轄我們的日警駐在所和學校，是在距離部落不遠處的 Swasal（蘇瓦沙魯，即今蓮花池一帶）部落。我到了 11 歲開始就讀 Swasan 蕃童教育所，讀到四年級畢業的時候，我的年齡是 15 歲。(註七)

　　本則故事敘述普拉腦舊部落是四十多戶人家的部落，報導人仲金生 11 歲才讀教育所，15 歲才小學畢業。

八、西奇良部落

採錄者：田貴芳、鍾正華、楊素美、林美蓮

採錄時間：2003年3月22日

採錄地點：花蓮縣秀林鄉景美村

口述者：林守道

　　我出生於 Skliyan（西奇良）部落，部落約有十五戶左右，頭目名

叫 Watan Rolun（瓦旦・羅隆）。……我的父親曾對我說過，日軍侵略我們 Seejiq Truku（太魯閣族人）部落，不只侵略我們的土地，也占領了我們的家園，燒毀我們許多部落住家，發生過無數次大小戰役、衝突事件，更在統治我們期間，虐待我們 Seejiq Truku，我們部落族人的生活如同奴隸一樣。（註八）

本則敘述：

(一) 西奇良舊部落是一個小部落，約只有十五戶人家左右。

(二) 日軍侵略太魯閣族人的部落，發生過無數次大小戰役和衝突事件。

(三) 日本人強占土地、占領家園、燒毀住屋。

(四) 日本人虐待族人，族人如同奴隸一樣的過生活。

九、陀優恩部落

採錄者：田貴芳、鍾正華、楊素美、妮娜、尹影、林美蓮

採錄時間：2003 年 2 月 25 日

採錄地點：花蓮縣秀林鄉水源村

口述者：胡永祥

我出生在 Duyung（陀優恩）部落，當時的部落頭目是 Rawa Umaw（拉外・烏冒），到了 8 歲的時候，我在 Tpdu（塔比多，天祥）日本教育所讀書，讀到四年級畢業。我在 14 歲的時候跟著長輩邊到現在居住地 Sakura（水源）部落，23 歲與妻子 Aput Aking（阿布・阿津）結婚。Duyung 一帶有很多部落，有很多部落家戶獨立分散在山區，

包括 Mheyan（馬黑洋）、Btakan（巴達岡）、Mklbuh（摩古伊玻厚）等。Mklbuh 部落族人遷移至現今的 Knibu（和平）。在我 13 歲那年，有到過 Knibu 部落，在那裡跟著我的親戚工作，當時那裡十分流行 Marariya（瘧疾），死了很多人，而我差一點也死在 Knibu。其他沒感染的族人馬上遷離和平地區，以致那時的 Knibu 部落無人居住。Duyung 部落是在我 14 歲那年開始遷移到平原地帶，我與家人是最後遷出的。遷出後，我們先後住過光復、西林，最後因為遇到在山區 Duyung 部落的日警才被遷移下山，定居在 Sakura（水源）。那時遇到的日警並非是真正的警察，而是稱作 dayku sang（專蓋房子的人），當時日本因為二次大戰的戰場人力需求，導致在台灣的許多年輕日警被徵召到前線打仗，所以大部分不是做警察的人臨時遞補駐在所的警察職缺。在我記憶裡，日本時代太魯閣族群山區部落共有二十所日本警察駐在所。「水源」是現今村落地名，以前水源村落有許多不同的稱呼，這些都是日本人取名的，有 Sakura、Pajiq、Bngrux、Sabatu 四種稱呼，後來是以 Sakura 稱現在的水源。（註九）

　　本則是敘述太魯閣山區 Duyung（陀優恩）部落：

（一）Duyung（陀優恩）部落的學童是到 Tpdu（塔比多，天祥）日本教育所讀書。

（二）Duyung 一帶有很多部落獨立分散在山區，包括 Mheyan（馬黑洋）、Btakan（巴達岡）、MkIbuh（摩古伊玻厚）等。

（三）MkIbuh 部落族人後來遷移至現今的 Knibu（和平）。

（四）日治時期太魯閣族群山區部落共有二十所日本警察駐在所。

（五）「水源」是現今村落地名，以前水源村落有許多不同的稱呼，這些

都是日本人取名的，有 Sakura、Pajiq、Bngrux、Sabatu 四種稱呼。

十、落支煙部落

採錄者：田貴芳、鍾正華、楊素美、妮娜、尹影

採錄時間：2003 年 3 月 15 日

採錄地點：花蓮縣秀林鄉富世村

口述者：伊楊‧蘇金

....

我的名字是 Iyang Suking（伊楊‧蘇金），丈夫 Kihat Lahang（基哈特‧拉航），出生於 Rucing（落支煙）部落，部落頭目是 Peydang Wacih（貝當‧瓦奇），部落大概有十多戶。（註十）

報導者伊楊‧蘇金先生敘述當時落支煙舊部落約有十餘戶人家。

太魯閣族木板屋

太魯閣族現代樓房住屋

十一、希達干部落

採錄者：田貴芳、鍾正華、楊素美、林美蓮、吳秀蘭、妮娜、尹影
採錄時間：2003年3月7日
採錄地點：花蓮縣秀林鄉水源村
口述者：柯金成

....

　　我出生於 Sdagan（希達干）部落，部落頭目是 Umiq（烏米克）。我
們 Sdagan 部落共有六十多戶，人口很多，當時部落裡有日警駐在所、
學校。我在 Sdagan 蕃童教育所讀到四年級，那時候台灣已經快光復
了，老師幾乎都已回到日本國土，所以把學生集中在 Bsngan（富世）教
育所讀書，有 Bsngan（富世）部落、Harukuday（大同）部落、Takiri（崇
德）部落、Skadan（砂卡礑）部落，以及我們 Skadan 部落的學生，而我
也繼續讀到六年級畢業。民國34年，我15歲的時候，遷到現在居住地
Sakura（水源）部落。（註十一）

　　本則報導人敘述：
（一）希達干舊部落是大聚落，約有六十多戶，人口很多。
（二）報導人讀到教育所四年級時二戰已經快結束，老師幾乎都已回到
　　　日本國土。
（三）日人把學生集中在富世村的教育所讀書，有富世部落、大同部
　　　落、崇德部落、砂卡礑部落等。
（四）報導人15歲時，遷移到現居地水源村。

十二、陶樸閣部落

採錄者：田貴芳、鍾正華、楊素美、妮娜、尹影、林美蓮
採錄時間：2003年2月27日
採錄地點：花蓮縣秀林鄉秀林村民有部落
口述者：蔡勝利

....

　　我父親對我說過，老家的 Tpuqu（陶樸閣）部落分為三個居住地，每一居住地都有一位頭目，分別是 Umin Ulay、Watan Rawa 及 Awi Rawa，Awi Rawa 就是我的祖父。部落裡有學校、日警駐在所，Tpuqu 部落算是滿大的地方。（註十二）

　　本則報導者蔡勝利敘述其祖父是 Tpuqu 舊部落的頭目，部落裡有學校和日警駐在所。

十三、沙卡亨部落

採錄者：田貴芳、鍾正華、楊素美、林美蓮、妮娜、尹影
採錄時間：2003年3月24日
採錄地點：花蓮縣秀林鄉文蘭村
口述者：艾海寶

....

　　我出生於 Kiray（奇萊）山附近的 Skahing（沙卡亨）部落，我們部落的頭目是我父親 Lahang Watan（拉航・瓦旦）的弟弟 Sibal Watan（希

巴爾・瓦旦），部落大概有十五戶左右，人口不多。我受過 Skahing（沙卡亨）日本蕃族教育所四年級畢業，那時我們 Seejiq Truku（太魯閣族人）的教育學習，幾乎都是讀到四年級而已，就再也沒有上學，然後加入山地青年服務隊或工作勞動。我 17 歲時，遷到現在的居住地 Branaw（重光）部落，那時部落人數不多。部落頭目第一任是 Harong Bowxil（哈隆・博赫爾），第二任是 Watan Lahang（瓦旦・拉航）。遷到 Branaw（重光）部落後，就一直住到現在。（註十三）

本則敘述：

(一)沙卡亨舊部落位於奇萊山附近。

(二)沙卡亨舊部落是小聚落，只有十五戶人家。

(三)報導人 17 歲時，才自舊社遷徙現住地重光部落。

(四)重光部落頭目第一任是 Harong Bowxil（哈隆・博赫爾），第二任是 Watan Lahang（瓦旦・拉航）。

十四、洛韶部落

採錄者：田貴芳、鍾正華、楊素美

採錄時間：2003 年 1 月 23 日

採錄地點：花蓮縣萬榮鄉西林村

口述者：趙天生

我家鄉 Rusaw 的名稱來源是以前有隻 rqnux（水鹿）把水弄混濁，所以我們 Truku 祖先就把我們部落稱為 Rusaw，混濁的意思。Rusaw 部

落山區一帶有許多太魯閣族人的部落，有 Bnarah（洛韶最深山部落）、Qliyut（洛韶最深山部落）、Bsiyaw（玻希瑤）、Qsiya（喀希亞）、Qrgi（卡魯給）、Qmuhil（卡莫黑爾）、Skliyan（西奇良）、Sipaw（西寶）等部落。我們太魯閣族群各部落經常來往交易，更可貴的是互相捍衛家園。以前要買東西一定要到現在的新城，所以我常常往返新城及 Rusaw 部落，也以日警的挑夫為業，搬運日軍的武器及物品來維持生計，泰雅族人叫我們「爬山虎」。我從 Rusaw 到新城，如果不揹負物品，早上八時至下午三時即抵達新城，一般人不可能走八小時。從新城早上八點出發，若揹運物品自新城抵達 Tpdu（天祥）過夜，次日即可到達 Ruasw 部落。（註十四）

本則故事敘述：

（一）洛韶之名是以前有隻水鹿把水弄混濁，故稱為洛韶（Rusaw），取「混濁」之意。

（二）洛韶部落山區一帶有許多太魯閣族人的部落，如 Bnarah（洛韶最深山部落）、Qliyut（洛韶最深山部落）、Bsiyaw（玻希瑤）、Qsiya（喀希亞）、Qrgi（卡魯給）、Qmuhil（卡莫黑爾）、Skliyan（西奇良）、Sipaw（西寶）等部落。

（三）以前要買東西一定要到現在的新城。

（四）報導人以日警的挑夫為業，所以經常往返新城及洛韶部落，搬運日軍的武器及物品。

（五）報導人從洛韶空身到新城，早上八時至下午三時抵達新城，一般人不可能走八小時。從新城揹運物品早上八點出發，抵達 Tpdu（天祥）過夜，次日即可到達洛韶部落。

十五、桑巴拉堪部落

採錄者：田貴芳、鍾正華、楊素美、林美蓮、妮娜、尹影、吳秀蘭
採錄時間：2003年3月11日
採錄地點：花蓮縣秀林鄉水源村
口述者：高萬生

　　我出生於 Smpragan（桑巴拉堪）部落，約有二十幾戶，人口在六十位左右，年輕壯丁三十位左右。我的父親是 Yudaw Harung（尤道‧哈隆），我的母親叫 Bakan Yakaw（巴干‧雅高），當時的部落頭目 Harung Habiq（哈隆‧哈比克）是我的祖父，我的祖母是 Ali Yayut（阿莉‧亞尤特）。(註十五)

　　本則故事敘述桑巴拉堪舊部落，有二十幾戶，約有六十位左右，年輕壯丁三十位左右。桑巴拉堪舊部落當時的頭目 Harung Habiq（哈隆‧哈比克）是報導者的祖父。

註釋

註一：沈世哲〈花蓮泰雅族大家長廖守臣〉，《野外》177期，1983年11月，頁14。
註二：啟明‧拉瓦〈希望的方向：迎向希望的未來——部落進出〉，《朱銘美術館季刊》29期，2007年3月，頁26。
註三：田貴芳《太魯閣人：耆老百年回憶——男性篇》，台北，翰蘆圖書出版公司，2014年10月，頁116。
註四：同註三，頁111。
註五：同註三，頁133。

註六：同註三，頁185。
註七：同註三，頁107。
註八：同註三，頁153。
註九：同註三，頁113-114。
註十：同註三，頁168。
註十一：同註三，頁181。
註十二：同註三，頁140。
註十三：同註三，頁189。
註十四：同註三，頁126-127。
註十五：同註三，頁158。

太魯閣族太陽神話

第四章

一、射下九個太陽

採錄者：田哲益

採錄時間：2019 年 10 月 4 日

採錄地點：花蓮縣秀林鄉景美村加灣部落

口述者：李秀美（60 歲），太魯閣群

⋯⋯⋯⋯⋯⋯⋯⋯⋯⋯⋯⋯⋯⋯⋯⋯⋯⋯⋯⋯⋯⋯⋯⋯⋯⋯⋯⋯⋯⋯⋯

　　以前天上有十個太陽，大地十分炙熱乾燥，人們決定把十個太陽射下來，射下了九個太陽，要再射第十個太陽的時候，有人擋住了，阻止全部把太陽射下來，說要留下一個作為照明之用，那就是現在的太陽。

　　本則故事敘述：

（一）原本天上有十個太陽。

（二）太魯閣族人要把十個太陽全部射下來。

（三）把九個太陽射下後，準備射第十個太陽，被人阻止了。

（四）留下的一個就是現在的太陽，為日間照明之用。

二、射太陽散裂成為星星和月亮

採錄者：田哲益

採錄時間：2019 年 10 月 4 日

採錄地點：花蓮縣秀林鄉富世村可樂部落

口述者：田貴實，太魯閣群

⋯⋯⋯⋯⋯⋯⋯⋯⋯⋯⋯⋯⋯⋯⋯⋯⋯⋯⋯⋯⋯⋯⋯⋯⋯⋯⋯⋯⋯⋯⋯

　　古代，太魯閣族人用弓箭想要把太陽射下來，結果射偏了，射到
了太陽的邊緣。有一箭射到太陽下方的一角，發生了連續的大爆炸，
這一角爆裂的岩塊分別四處散落，宇宙至此有了大大小小的星辰散布
著。另一箭也射中太陽的另一角，這塊岩石沒有分裂，變成了月亮。從
此宇宙天空上有了星星、月亮和太陽。

　　本則故事：

(一) 古代天上有一個太陽，太魯閣族人要把它射下來，但是沒有說為
　　　什麼要把它射下來。

(二) 他們連續向太陽發箭，但是都沒有射中正中心。

(三) 有一箭射到太陽下方的一角，爆裂的岩塊四處散落，從此宇宙有
　　　了大大小小的星辰散布著。

(四) 有一箭射中太陽的另一角，這塊岩石變成了月亮。

(五) 從此天空上有了星星、月亮和太陽。

三、孩子完成父親射日使命

採錄者：田哲益

採錄時間：2019年10月4日

採錄地點：花蓮縣秀林鄉富世村可樂部落

口述者：詹秋貴（70歲），太魯閣群

　　遠古時代，天上有兩個太陽，大地非常的炎熱，有一位英雄決
心要到遙遠的地方把一個太陽射下來，於是他揹著自己的孩子前往射

日。他帶著橘子的種子沿途播種，並繼續前往射日的途中，還沒有到達目的地，英雄已經老邁而死，他的孩子也已經是青壯年人了，由他繼續父親未完成的任務。他終於把一個太陽射下來了，於是天上變成只有一個太陽，完成了射日壯舉，他返回遙遠的故鄉，當時他們種植的橘子，都已經長大成樹，長滿碩果。他沿著橘子樹為路標，最後回到了故鄉，但也步入年邁了。

　　本則故事：

（一）有一位英雄揹著孩子前往遙遠的地方要射下一個太陽。

（二）父子倆沿途播種橘子。

（三）英雄在路途因老邁而死。

（四）已經成為青壯年人的孩子繼續射日的壯舉。

（五）青壯年人成功地射下了一個太陽。

（六）青壯年人凱旋打道回府返回已經離開很久的故鄉。

（七）他沿著橘子樹的標誌返回故鄉之路。

（八）他成功地回到了家鄉，但是已經老邁了。

四、射中太陽變成月亮

採錄者：田哲益

採錄時間：2019 年 10 月 3 日

採錄地點：花蓮縣秀林鄉水源部落

口述者：賴金枝（82 歲），太魯閣群

聽老人說，從前有兩個太陽，太陽非常紅也非常熱，大樹草叢都燃燒起來了，族人生活既不方便且痛苦，便商議要消滅一個太陽，就派了三位年青人去射太陽。他們一直射太陽，都沒有射中，最後終於射到一個太陽的邊緣，它的光熱逐漸消褪，變成了月亮，只有在黑夜的時候才會出現，所以現在就有了太陽和月亮之分。

本則故事被射中的太陽變成了月亮：
（一）天上有兩個太陽。
（二）三位年青人去射一個太陽。
（三）他們射中一個太陽的邊緣，它的光熱就逐漸消褪了，變成了月亮，只有夜晚才會出來。

五、射下九個太陽

採錄者：田哲益
採錄時間：2019年10月3日
採錄地點：花蓮縣秀林鄉水源部落
口述者：賴天文（62歲），太魯閣群

聽老人家說，以前天上有十個太陽，天候非常酷熱，人們在痛苦中生活。後來族人就去射下太陽，他們射下了九個太陽，因為沒有「箭」了，就留下了一個太陽。也有一種說法是：他們本來要把十個太陽全部都射下來，有人說：「不可以，一定要留下一個太陽，是要用以照明的。」所以大地只剩下一個太陽了。

據說遠古天上有十個太陽，被射下了九個，因為沒有「箭」了，所以就只剩現在的這一個了。

六、沒有射到太陽

採錄者：Tunux Wasi 等採錄
採錄時間：2015 年 8 月 16 日
採錄地點：合流部落
口述者：林重慶

以前的老人時常說這句話：「孩子！老人說的話是不會騙人的，以前的老人真的有去射太陽。」太陽一出來我們已經到海邊等了，我們都住在天祥的那個地區，他們一直在找日出之地，要帶弓箭去射太陽。最後他們抵達了日出之地，在那裡等待太陽出來，一直朝太陽的方向射箭，但是因為距離太遠，一直都射不到，只好持續在日出之地等待。還有另外一個老人跟我說，其實他們根本沒有找到也沒有射到太陽。

本則傳說謂古時候太魯閣族人到海邊日出之地，要用弓箭射下太陽，他們持續等待日出要把太陽射下來，但是因為距離太遙遠，一直都沒有射到，最終也沒有達成目的。

七、追逐太陽射下太陽

採錄者：張致遠

採錄地點：花蓮市碧雲山莊

口述者：廖守臣

資料來源：張致遠〈花蓮泰雅之旅〉

....

　　太古時，天上有很多個太陽，其熱無比，萬物不能滋生，有位祖先揹上弓箭，從年輕開始追逐太陽到老年，將太陽逐一射下，只留下今天唯一的太陽。（註一）

　　本則傳說：

(一)太古時候，天上有很多個太陽。

(二)有一位族人去射下太陽。

(三)要射下太陽的原因是由於天上有許多太陽，其熱無比，萬物不能滋生。

(四)射日的族人從年輕時代就開始追逐太陽。

(五)已年老的射日者，終於將天空的太陽逐一射下。

(六)射日者只留下一個太陽，就是我們現在看到的太陽。

1 | 2

1. 太魯閣族射日銅雕
2. 太魯閣族射日雕像

八、射日傳說

　　相傳在遠古的時代，太陽是一個非常大的熱球，燒烤著整個地球，因為太陽精力太旺盛了，整天都不下山，因此根本沒有黑夜與白晝的分別。太魯閣族人覺得生活非常痛苦，於是長老們商議，並遴選了三位驍勇善戰的戰士，每一位都揹著一位幼童，前往太陽出沒的方位出發，想辦法解決太陽光熱的問題。征伐太陽的隊伍，沿路上播種果樹及小米的種子。他們經年累月不停的趕路，走著走著，還沒有到達太陽出沒的地方，三位年輕的勇士成為了白髮蒼蒼的老人，隨著時光的推進，他們也相繼駕鶴歸西了。當年襁褓中的幼童也已經長大成人了，並決心完成長輩三勇士的遺志。皇天不負苦心人，他們終於來到了太陽出沒的地方，於是拉起了大弓把箭射向太陽，「噗」的一聲正中太陽的中心，太陽立刻開始流血，熱度逐漸降低了，征服烈日的任務終於成功了，三位青壯年人踏上歸途返回故鄉。他們的食物是來時路上已逝三勇士所種植的果實和小米，回到了家鄉，家鄉早已人事已非，他們也已經是白髮蒼蒼的老翁了，再也沒有人記得他們了。

　　本則故事：

（一）太陽是一個非常大的熱球，燒烤著整個地球。族人覺得生活非常痛苦。

（二）長老們商議遴選三位驍勇善戰的戰士前往射日。

（三）三位勇士各揹著一位幼童前往征途。所以全部是六個人。

（四）他們沿路上播種果樹及小米的種子。

（五）還沒有到達目的地，三位勇士老邁了，相繼過逝了。

（六）三位幼童也已經長大成人，繼續踏上征途。

（七）他們用大弓終於射中了太陽的正中心。

（八）太陽流血了，熱度也逐漸降低了。

（九）三位青壯年人完成任務，就要回到故里。

（十）他們沿著前面三位勇士沿途播種的果子和小米回家。

（十一）回到了家鄉，也變成老翁了，再也沒有人記得他們了。

九、一對男女去射日

資料來源：陳千武《台灣原住民的母語傳說》

．．．

　　天空有兩個太陽，沒有夜晚，夫妻無法行房。有對男女前往征伐太陽，射中一個太陽，太陽流血後，冷卻變成月亮，月的陰影即被射中的疤痕。這對男女返回村落，已是白髮蒼蒼的老者。

　　這是太魯閣社的口碑，本則故事是射日神話中比較特殊的，一般都是男子前去射日，本則則是一對男女：

（一）古代天空有兩個太陽，沒有晝夜之分，夫妻無法行房。

（二）有一對男女前往征伐太陽。

（三）他們射中了一個太陽。

（四）被射中的一個太陽流血了，漸漸冷卻，變成了月亮。

（五）現在我們看到月亮中的陰影，就是當時被射中的疤痕。

（六）這一對男女凱旋返回村落，已經是老人家了。

十、太陽會熄滅嗎？

太陽會有熄滅的一天嗎？「氫」是太陽燃燒時的「燃料」，如果太陽內的氫原子隨時都在變動的話，太陽至少還能維持幾十億年不等。即使有一天，太陽裡的氫都燒完了，它也不會馬上熄滅的，因為科學家們認為太陽裡的氫如果燒完了以後，太陽會開始收縮，這種過程會使熱度升高，那時內部的溫度會高達一億度；在這種高溫下，又會產生另一種核子反應，這種新的核子反應會產生大量的熱散發到宇宙，而且這種情形至少也要經歷數十億年呢！所以不必擔心太陽會在你有生之年熄滅。（註二）

十一、射太陽

採錄者：鐵米拿葳依
採錄時間：1998年4月5日
採錄地點：花蓮富世村
口述者：許通益

今天我要談談先人留下的故事。從前是沒有太陽，全是一片黑暗的，人們上山去砍松柏樹當柴火，用來照亮屋內和屋外的行動，由此得知，在黑暗中生活是很痛苦的。有一天，兩位 Truku 的老人，拿著柴火到外頭時互相照亮，不料他們在外面遇到了大風，這兩位老人被大風吹上天，黏在天空上，變成了兩個太陽。有了太陽，就有了光，這兩個太陽輪流出來；一個上升，另一個下山，一個下山，另一個上升，從此之後，每天都是白晝，沒有夜晚，人類被太陽曬得很熱，樹木枯死、人也

相繼死去，因為太熱，夫妻無法在一起行夫妻之道，他們就不會生育繁殖。因此，人口漸漸稀少，人們十分擔憂。

Truku 人很聰明，知道怎麼辦，他們開會談論說：「我們不能常是白天，我們不能沒有黑暗，讓我們去把一個太陽射下來吧！」大家贊同說：「是，是，我們去時要帶著什麼呢？如兩個節竹子，其中放滿小米，掛在耳朵這兒，從前的小米，一顆粒小米，切成一半煮，可以煮成一大鍋飯，煮起來會膨脹。」這些人帶著兩節竹子，竹子中裝滿了小米，掛在耳朵這裡，就出發射日。Truku 人吃完了水果並不丟棄水果的種籽，他們在路旁埋下了種籽而不丟棄，意思是說，如果他餓了又沒有帶便當，就吃樹上的果子，吃完之後就把果子的種籽埋在路旁。他們走了遙遠的路途，年老者沒有到達目的地，就死在途中了，只有青年們持續前往，他們到了目的地，大家都帶了弓箭，當大陽上升時，他們就拿起弓箭射太陽。首先，不知怎樣，可能因為怕而沒有打中，當太陽升起時，他們再射擊，射中的同時發出爆裂聲，太陽流血了，大的血塊發出「碰」一聲變成了月亮，小血塊飛往上空，變成了天上的星星。有些血塊往地面落，就變成了石頭。所以，月亮、星星和地上的石頭全是Truku 人的血。

後來，他們射完了太陽之後就回鄉了，他們在途中遊玩，在路途中有些年青人也都相繼死亡。只有那些青少年回到家鄉，他們彼此都不認識，所以就向村民自我介紹說他們就是前去射太陽的人。村民說：「啊！原來是你們。」所以，同胞們就殺豬來慶祝他們的榮歸。從那時起，就有了日夜之分，他們後來去看看以前種植的橘樹，那些橘樹也都老了。（註三）

本則射太陽的情節與其他原住民族群的情節不太一樣，很特別：

（一）遠古時代原來沒有太陽與月亮。

（二）人們平日靠生柴火當作生活的光，松柏樹是最重要的照明燈材。

（三）有一天，兩位老人拿著柴火到外頭時互相照亮，被大風吹上了天空，並且黏在天空上，變成了兩個太陽。從此大地有了陽光。

（四）不過兩個太陽輪流出現，一個上升，另一個下山，每天都是白天，沒有夜晚。

（五）人們被炙熱的太陽曬得很痛苦，樹草枯死，作物也不能成長，生育力也逐漸降低，嚴重影響人們的生活，甚至無法繼續存活下去。

（六）族人商議要用弓箭去射下一個太陽。

（七）他們準備了兩節竹子，兩節竹子都放滿了小米，掛在耳洞，以前太魯閣族都有穿耳洞掛竹節的古俗。耳洞很大，可以掛竹節，一直到日治時期都還是如此。

（八）從前煮小米飯，一顆小米切成一半煮，就可以煮成一大鍋飯。兩節竹子的小米，就可以吃很久很久了，不知道能吃到何年何月。

（九）他們沿途吃的果籽就埋在路旁，作為不時之需。

（十）一群人走上射太陽遙遠的路途，年老者壯志未酬身先死，沒有到達目的地，只有青年到達了要射太陽的地方。

（十一）壯士們用弓箭射太陽，終於射中了，太陽流下的血，大的血塊變成了月亮，小的血塊變成了天上的星星，往地面落下的血塊變成了石頭。

（十二）一個太陽被射後，從此有了白天和黑夜。

（十三）壯士告捷返鄉，原來的青年人都老死在返鄉的路途上了，原來的少年人也已經老邁了，鄉人都不認識他們了。

（十四）族人殺豬慶賀勇士們榮歸故里。

十二、射太陽沒有射中

採錄者：田哲益

採錄時間：2019年10月4日

採錄地點：花蓮縣秀林鄉景美村布拉旦部落

口述者：李金花（52歲），太魯閣群

⋯⋯⋯⋯⋯⋯⋯⋯⋯⋯⋯⋯⋯⋯⋯⋯⋯⋯⋯⋯⋯⋯⋯⋯⋯⋯⋯⋯⋯⋯⋯

　　古代有一個人自認為是個「王」，為了要臣服族人以示其威武，他就去把太陽射下來，雖然箭已經發射出去了，但是沒有射中太陽，所以太陽現在還存在。

　　本則故事敘述曾經有一個「王」，為了要展示其威武，便要把太陽射下來，但是事與願違，太陽至今仍存在。

十三、宇宙大地的形成

　　距離現在一百多億年前，太陽和地球都還沒有誕生，銀河系和仙女座大星雲，都集中在一個地方，後來不知什麼原因，突然間發生大爆炸，物質向四面八方擴張，成為今日的宇宙。（註四）

　　古老的原始部族大多認為地球是神創造的，在幾十億年前的遠古時代，宇宙間的塵埃、瓦斯和各種氣體、原子等一點一滴地緩慢凝聚，逐漸形成巨大的圓形球體，核心炙熱而外部冷硬。經過長久的歲

月演變，地球上高山遍布，大海汪洋，最原始的生物也開始出現繁殖了，這就是地球的形成。(註五)

註釋

註一：張致遠〈花蓮泰雅之旅〉，《野外》167期，1983年1月，頁52。

註二：陽明書局《追根究底》，台北永和，1990年。

註三：鐵米拿葳依《賽德克族口述傳統文化故事（第一集）》，2009年4月，頁45-46。

註四：同註二。

註五：世一書局《科學小百科》，台南，1988年10月。

太魯閣族洪水神話

第五章

巴爾・瓦旦），部落大概有十五戶左右，人口不多。我受過 Skahing（沙卡亨）日本蕃族教育所四年級畢業，那時我們 Seejiq Truku（太魯閣族人）的教育學習，幾乎都是讀到四年級而已，就再也沒有上學，然後加入山地青年服務隊或工作勞動。我 17 歲時，遷到現在的居住地 Branaw（重光）部落，那時部落人數不多。部落頭目第一任是 Harong Bowxil（哈隆・博赫爾），第二任是 Watan Lahang（瓦旦・拉航）。遷到 Branaw（重光）部落後，就一直住到現在。(註十三)

本則敘述：

(一) 沙卡亨舊部落位於奇萊山附近。

(二) 沙卡亨舊部落是小聚落，只有十五戶人家。

(三) 報導人 17 歲時，才自舊社遷徙現住地重光部落。

(四) 重光部落頭目第一任是 Harong Bowxil（哈隆・博赫爾），第二任是 Watan Lahang（瓦旦・拉航）。

十四、洛韶部落

採錄者：田貴芳、鍾正華、楊素美

採錄時間：2003 年 1 月 23 日

採錄地點：花蓮縣萬榮鄉西林村

口述者：趙天生

我家鄉 Rusaw 的名稱來源是以前有隻 rqnux（水鹿）把水弄混濁，所以我們 Truku 祖先就把我們部落稱為 Rusaw，混濁的意思。Rusaw 部

落山區一帶有許多太魯閣族人的部落，有 Bnarah（洛韶最深山部落）、Qliyut（洛韶最深山部落）、Bsiyaw（玻希瑤）、Qsiya（喀希亞）、Qrgi（卡魯給）、Qmuhil（卡莫黑爾）、Skliyan（西奇良）、Sipaw（西寶）等部落。我們太魯閣族群各部落經常來往交易，更可貴的是互相捍衛家園。以前要買東西一定要到現在的新城，所以我常常往返新城及 Rusaw 部落，也以日警的挑夫為業，搬運日軍的武器及物品來維持生計，泰雅族人叫我們「爬山虎」。我從 Rusaw 到新城，如果不揹負物品，早上八時至下午三時即抵達新城，一般人不可能走八小時。從新城早上八點出發，若揹運物品自新城抵達 Tpdu（天祥）過夜，次日即可到達 Ruasw 部落。（註十四）

　　本則故事敘述：

(一)洛韶之名是以前有隻水鹿把水弄混濁，故稱為洛韶（Rusaw），取「混濁」之意。

(二)洛韶部落山區一帶有許多太魯閣族人的部落，如 Bnarah（洛韶最深山部落）、Qliyut（洛韶最深山部落）、Bsiyaw（玻希瑤）、Qsiya（喀希亞）、Qrgi（卡魯給）、Qmuhil（卡莫黑爾）、Skliyan（西奇良）、Sipaw（西寶）等部落。

(三)以前要買東西一定要到現在的新城。

(四)報導人以日警的挑夫為業，所以經常往返新城及洛韶部落，搬運日軍的武器及物品。

(五)報導人從洛韶空身到新城，早上八時至下午三時抵達新城，一般人不可能走八小時。從新城揹運物品早上八點出發，抵達 Tpdu（天祥）過夜，次日即可到達洛韶部落。

一、洪水神話

採錄者：田哲益

採錄時間：2019年10月3日

採錄地點：花蓮縣秀林鄉水源部落

口述者：賴金枝（82歲），太魯閣群

....

　　以前曾經發生過洪水淹沒大地的故事，族人全部都逃難到山上去了，變成了住在山上的山地人。在山上住了一段時間後，又逐漸往山下遷徙，有的遷徙到山腰，有的遷徙到平原，但是都是會遷移到有河溪的附近流域，以方便生活。這就是我們太魯閣族人遷徙分散各地的情形。

　　本則故事謂太魯閣族人在遠古時代發生洪水氾濫大地的時候，逃難到山上，其後又遷徙至淺山和平原；也敘述了他們的居地一定會選擇有河溪的附近流域。

二、洪水神話

採錄者：鐵米拿葳依

採錄時間：1998年4月5日

採錄地點：花蓮富世村

口述者：葉阿好

....

　　好像洪水沖走了人類，所以人類就逃到高山頂上。他們就在山頂

那兒建造船隻，然後坐上船，而且在船艙內帶進各種各類的東西，並將所有的鳥類、雞鴨等，再帶回家園。他們原本想要把一位老先生一起帶走，但是他要留在那兒，一家人便留在那兒不走。洪水退潮之後，那位老先生仍留在他的家中，同魚兒作伴。這些族人回鄉時，什麼都帶回來，比如他們先將狗尾巴浸水，然後把稻米和小米的種子一起包在狗尾巴內，乾了就把種子取下來播種，這種播種的方式至今 Truku 人仍然使用之。（註一）

　　本則故事要述如下：

（一）遠古時候，洪水氾濫大地，沖走了人類。

（二）有些族人逃難到高山頂上。只有一家人不願意隨同。

（三）在山頂上，他們建造了船隻，所有器物鳥禽等，都裝上船隻，再帶回家園。

（四）洪水退去後，不願隨同逃難到高山頂上的老人，奇蹟似的仍然存活。

（五）為了保存稻米和小米的種子，將之泡水，並將狗尾巴也浸水，然後把稻米和小米的種子一起包在狗尾巴內。

（六）要種植時，把綁在狗尾巴的種子解開，就可以播種了，這種播種方式非常特別。

1 | 2

1. 太魯閣族石板屋與望樓
2. 木瓜溪太魯閣族人

三、水神的故事

採錄者：章毓倩
資料來源：章毓倩〈水神的故事〉

....

在這個世界上，有許多傳說故事是與水有關的，同樣地，今天要告訴大家一個太魯閣流傳已久的「水神的故事」。水神是水世界的管理者，不過與住在山上的太魯閣族人有什麼關係呢？在太魯閣傳說中記載著：從前在太魯閣族中有一位非常美麗、心地善良的女孩。她擁有美好的品德，在部落中的每一個人都非常喜愛她。然而她的美麗，卻引起遠方水神的嫉妒。水神想把她占為己有，於是漲起大水直淹至女孩部落的山腳下。水神告訴部落裡的人：「若想活命，就要將最美麗的女孩送給我。明天結束之前，若不將女孩丟下水中，我將漲起大水，淹沒你們居住的山嶺，任何一個人都別想存活。」村民們聽到水神的警告，非常害怕，他們緊急地召開部落會議，討論該如何解決這個危機。經過一番討論，他們決定：「乾脆我們送給水神一個不孝順父母的女孩，反正他不知道在村子裡誰是最美麗的人。」第二天，大家便將那公認不孝順的女孩送給水神，但是水神知道那不是他想要的女孩，於是他又告訴部落裡的族人：「將那最美麗的女孩交出來，否則我就要淹沒你們的山！」面對水神的威脅，族人實在不願意將那善良美麗的女孩交給水神，於是族人便將她關在家裡，不讓她為大家犧牲。接著，他們又選擇一個懶惰的女孩，將她送給水神。但水神很快地發現村民在欺騙他，便非常地生氣。他漲起大水慢慢淹沒山區，迫使族人們倉惶地逃命。那善良的女孩，看見大家為保護她所受到的災害，非常傷心地哭泣著。她不願意有

人再因為她的緣故而死掉，毅然決然地逃出家裡，用她的生命來換取族人的安全。她直奔到懸崖邊，趁眾人來不及阻止之時，很快地跳下水中，進入水神的世界。不久，洪水慢慢地消退，回到屬於它的地方，從此威脅族人的水患不再出現，然而那善良可敬的女孩，聽說再也沒有出現了。(註二)

本則傳說故事是水神漲起洪水，有一位美麗、善良的女孩犧牲自己的性命，拯救了族人：

(一)有一位美麗、善良的女孩，水神想把她占為己有，於是在部落漲起大水淹至山腳下。

(二)水神告訴部落裡的人，要將最美麗的女孩送給祂，否則淹沒他們居住的部落。

(三)第一次族人選擇了不孝順的女孩送給水神，結果不為水神所接受。

(四)第二次族人又選擇了一個懶惰的女孩，將她送給水神。水神非常地生氣，漲起大水淹沒山區，族人們倉惶地逃命。

(五)美麗、善良的女孩看了很傷心難過。她跳下水中，大洪水才慢慢地消退，從此洪水不再威脅族人，人們再也沒有看到那善良可敬的女孩。

四、美女嫁給海神

採錄者：張致遠

採錄地點：花蓮市碧雲山莊

口述者：廖守臣

資料來源：張致遠〈花蓮泰雅之旅〉

....

　　古時候的太魯閣族先人每年都會碰上一次海嘯，因海水倒灌而毀村，唯恐後代滅絕，頭目乃派村中美女乘獨木舟出海下嫁海神，此後族泰民安，海嘯不復出現。（註三）

　　這是一則美女嫁給海神的故事，此後，每年一次的大海嘯倒灌，不復出現。

註釋

註一：鐵米拿葳依《賽德克族口述傳統文化故事（第一集）》，2009年4月，頁55。

註二：章毓倩〈水神的故事〉，《小羊月刊》73期，1998年7月，頁49-50。

註三：張致遠〈花蓮泰雅之旅〉，《野外》167期，1983年1月，頁52。

太魯閣族巨人的故事

第六章

一、蓮花池是巨人踩踏出來的傳說

資料來源：許端容《台灣花蓮賽德克族民間故事》

....

　　我爸爸說：從前有一個叫史瑪阿威的巨人，他腳步很大，一踏，山就會變平原，再踏，就凹成池泊（窪地），聽說現在免去陽那邊的平台和天祥附近的蓮花池，就是他踏出來的。

　　「蓮花池」是太魯閣族在山區的舊社部落，本則敘述「蓮花池」就是巨人史瑪阿威踩踏出來的，可知巨人的腳有多巨大了。

二、包薩拉米巨人

資料來源：劉育玲《台灣賽德克族口傳故事研究》

....

　　從前山裡有一個巨人名叫包薩拉米，長得非常高大，一個步伐就能跨過一個瀑布。他動作總是慢吞吞，但心地很好，從不欺負別人，是一個很老實的人，沒有人知道他到底住在哪裡，他時常隨意地出現、消失。有一天，颱風來了，狂風暴雨河水高漲，在外工作的人無法回家。就呼喚巨人：「包薩拉米！快來救我，我們想回家，但是水太大沒辦法過河！」包薩拉米就出現了，他說：「唉！這個小小的水流有什麼了不起，可以過啦！」說著就拔起一棵很大的樹放在河上當橋，很多人就此過去了。人們渡河後：「真是謝謝你！我們會拿很多美味的食物請你。」他說：「好！好！」就回去了。過了一段時間，出現了很多壞

人要砍人頭。他們再度向包薩拉米求援：「好多壞人在欺負我們！」包
薩拉米來了，問：「哪一個？哪一個？」一現身二話不說，把壞人一個
個拎起來擰死了。殺死壞人流了很多血，包薩拉米聞到人血的味道，
就說：「啊！我竟然殺了人！我是罪人了，為什麼你們叫我殺人？」平
時他只殺動物當食物，也不清楚什麼是好人、壞人，一聞到血的味道不
太一樣才知道是人，殺了人後他很難過，從此再也沒有出現過了。直到
有一次人們無意間發現了一個山洞，洞裡頭有很多骨頭，才知道原來那
是他以前住過的地方，那些都是他啃過的骨頭，但已經不見他的人影
了，是死是活或者去了哪裡，沒有人知道，好像神一樣。

本則敘述古代的一位巨人：

（一）有一個巨人名叫包薩拉米，心地很善良，他是一個神出鬼沒的人。

（二）巨人會幫助族人過河，也會幫助族人殺死壞人。

（三）後來他消失了，沒有人知道他的行蹤。

三、長毛巨人

採錄者：陳溫蕙美

採錄時間：2007 年 10 月 22 日

採錄地點：秀林鄉水源村

口述者：高阿足（71 歲）

．．

　　我的祖先流傳一個巨人的故事，那是全身長毛的巨人，也有阿美
族的巨人，他們是兩個巨人兄弟，他的太太也是巨人。他們住在很遠

的深山裡面，一個叫 Smawi，弟弟 Snsiri，老大全身長毛，要射兩發子彈，他身上的毛才會掉下來，他的高度有房子的高度，他踩過的腳印就像馬路的寬度一樣，他的高度就像一棟房子一樣。他是跟太魯閣族一起生活的人，他可以把野獸輕鬆的揹在脖子上，然後把野獸送到太魯閣族的家裡。剛開始的時候，太魯閣族會攻擊巨人，他大叫著說：「你們不要射我，我是來送野獸給你們吃的啊！」所以巨人是好人。後來 Truku 的人送給巨人稻米，交換巨人送來的野獸，這是我的父親告訴我的巨人故事，是發生在 Btulan 山區的事情。

　　以前有八個獵人一起上山，發現一個大樹被砍倒的地方，有一棟很大的房子，剛開始他們很害怕，其中有一個人大喊：「Awi！Awi！」，他們一起進去之後，聽到很大的回應，巨人的聲音傳得很遠，山區的每個地方都可以聽到他的叫聲。他叫獵人們到他那裡，所有人過去之後，看到巨人的樣子就跟太魯閣族長得一樣，只是不穿衣服，全身都是毛。他的弟弟也是全身長毛，只有在腳的地方沒有長毛，從那個時候開始，太魯閣族和巨人就成為好朋友。平時巨人煮小米的時候，一次就要裝滿一盆子，一天煮一餐，就靠這一餐吃飽，再配獸肉吃，這是以前流傳的巨人故事。後來這兩個巨人分別因為生病以及遭到阿美族的攻擊死亡，從前有獵人頭的習俗，Smawi 和他的太太是病死的，Snsiri 是被阿美族打死的，這是我的父親從他父親那一輩聽來的故事。阿美族也有巨人的故事，也長得很高大，只是毛長得比較少。這兩個巨人跟太魯閣族的兩個巨人爭鬥，造成 Snsiri 被打死。（Awi 和阿美族巨人的戰鬥，略譯）巨人和 Btulan 的祖先有關連，他們是相同的祖先，有些平地人的祖先也知道巨人的事情。（註一）

本則傳說故事：

（一）從前有兩個巨人兄弟，一個叫 Smawi，弟弟叫 Snsiri，全身長毛。

（二）兩個巨人故事是發生在 Btulan 山區的事情。

（三）巨人的樣子與太魯閣族人長得一樣，只是不穿衣服，全身都是毛。

（四）巨人跟太魯閣族相處甚好，他們是個好人。

（五）巨人可以輕鬆把野獸揹在脖子上，送到太魯閣族的家裡。

（六）這兩個巨人分別因為生病（哥哥 Smawi）以及遭到阿美族巨人的攻擊死亡（弟弟 Snsiri）。

四、巨人的故事

採錄者：Tunux Wasi 等

採錄時間：2015 年 8 月 16 日

採錄地點：合流部落

口述者：林重慶

....

　　以前有一個非常巨大的阿美族（噶瑪蘭）人，他們阿美族都高高的，我也忘了那個 Truku 的名字，以前他們在那個非常大的榕樹下對決，我有看過那棵樹，兩個人後來打起來了，最後 Truku 真的很厲害，三兩下就摔死巨人了，因為這兩個族群有怨恨，之後阿美族就敗了，大概是一百年前的事情。

　　本則故事敘述太魯閣族和阿美族人的巨人決鬥，在一棵非常大的榕樹下對決，結果太魯閣族的巨人，三兩下就摔死阿美族人的巨人。

五、巨人馬威的故事

採錄者：莊安華

資料來源：莊安華〈傳唱群山海濱的部落美聲〉

....

　　很久以前族裡出現一個長得像高山般的巨人叫馬威，他經常搶奪族人獵物。族人忍無可忍，在山上升火燒紅水晶石，推下山去，大家追著滾石，假裝追趕獵物，吸引馬威上當。他果然張開大嘴預備吞下滾來的獵物，結果燒燙的石頭燙得他在地上打滾，跌入花東外海，只剩下兩雙腳露出海面，成為現在的蘭嶼和綠島。

　　本則故事情節如下：

（一）以前有一個長得像高山般的巨人叫馬威。

（二）巨人馬威經常搶奪族人的獵物，族人忍無可忍。

（三）巨人經常以逸待勞吞食族人的獵物。

（四）族人把水晶石燒得火紅，推下山去，假裝追趕獵物。

（五）巨人馬威上當了，在山下果然張開嘴吞下滾來的獵物。

（六）燒燙的水晶石頭燙得巨人在地上打滾，跌入了花東的外海。

（七）巨人馬威被燒燙死了，只剩下雙腳露出海面，成為現在的蘭嶼和綠島。

1｜2

1. 太魯閣族家居生活
2. 太魯閣族住屋床鋪

六、巨人的故事

採錄者：鐵米拿葳依

採錄時間：1998年4月5日

採錄地點：花蓮縣秀林鄉富世村

口述者：許通益

　　現在我又要談一件關於 Truku 人的 Tboki-Tina-Tboki seediq 巨人故事。這巨人長得非常高大，長相看起來非常恐怖可怕，他的腳掌越過山嶺就等於一座高山，而且他可以橫跨大河到對岸，他的腳印所踏過的距離就等於一片大平原。例如：Bnbruwan 平原是巨人 Dnami 的腳印，他的腳印踏上高山峻嶺就等於大地上的一片大平原。Btakan、Tkudu Tienshiang、Lucaw 等村落全是巨人 Dnami 的腳印。當巨人踏上高山，山都會振動的很厲害，連石頭都裂開，連帶泥土崩下來，很可怕。有一天，下了好大的雨，溪河暴漲，Truku 人因為沒有橋樑，河水又高漲，無法過河，是由 Dnami 幫他們過河到對岸，Dnami 用他長長的性器做橋樑，使 Truku 人從上面走到對岸去；另外，巨人若看見英俊瀟灑的男青年就讓他們爬過去，如果是醜的男青年，就讓他們翻落河中。「牠的心不好嗎？」「噢，他會挑選。」

　　你看看現在，不論是南投仁愛的賽德克族人，如德固達雅人，平靜的人都長得英俊美貌，他們全是 Dnami 揀選的，所以原住民男女都很美麗。族人認為丟進大海中的一對美麗的男女青年，流到日本去了，所以，英俊美貌的日本人就是這一對男女的後代。

　　但是有一天，這個巨人被那些摔入河中的 Truku 人痛恨，懷恨他的

人取出了刀子，將他粗大的性器切成小段，受傷的部位就被螞蟻咬，他覺得搔癢、腫脹又亢奮，結果他就找女人，巨人害死了許多 Truku 的婦女，如在織布的 Truku 婦女，巨人將性器穿過圍籬的洞進入婦女的衣裙之下，就這樣把 Truku 的婦女弄死了。她們的先生都很生氣，就去拿斧頭，把他的性器切掉，巨人就生病痛苦了。

　　Dnami 就很生氣的說：「好，好，既然你們如此，我走了，在這地面上我會降下大雨，我還會吹送大風來，大風吹之後，我會下大雨！」此時洪水充滿大地，人類只有逃離到高山上了。人們怨嘆說：「天天這樣下雨，我們怎麼辦？」Dnami 對他們說：「除非獻一對英俊貌美的男女青年，把這一對奉獻給我，丟入海裡。」Truku 人回答說：「怎麼可以把美麗英俊的男女青年送給他，那不是好可憐好可惜嗎？」所以，他們起身，選了一對不好看的男女青年，並替他們化妝打扮，給他們戴上飾品，然後將他們丟進海裡去了。巨人說：「我不要這些化妝打扮的，我要自然美的。你們怎麼欺騙了我？真正的美不是靠化妝打扮的。為什麼你們欺騙了我？」噢，原來真正的美是不靠化妝打扮，不戴飾品的。他們只好把自然美貌英俊的男女青年丟進海中，洪水就退潮了，那些男女青年到哪兒去了？他們都死了，是的，他們和大水一起流走了。那麼現在 Truku 人呢？他們不欺騙人，這是巨人教他們的，他們很老實，不說假話。洪水退了之後，地上可吃的東西只剩下魚，由於人們不習慣吃魚，所以改種植其他食物。

　　其實，關於 Dnami 的故事。Dnami 有好的一面，亦有壞的一面，這是人們對 Dnami 的想法和理解。例如：巨人是有點欺侮 Truku 人，所以 Truku 人心生仇恨。每當 Truku 人去追逐打獵時，Dnami 就張開口等待吞下那個動物。因此，Truku 人每一天所追逐的野獸全都被 Dnami 吞掉

了。我們 Truku 人辛苦勞累所追逐的，都一無所獲，全都被 Dnami 吃掉了；哎，我們全身都被刺刺傷，而且勞累辛苦，我們要吃什麼了？於是人們想盡辦法要來處理 Dnami 之事，討論的結果，人們都贊成說：「可以那樣的，可以那樣做。」因此，Truku 人就到高山上找尋石頭，在懸崖的地方挖出石頭來，他們把石頭堆積在那兒，把石頭燒得又紅又熱，Truku 人就喊說：「野獸去了，去了。」，「碰」的一聲石頭就被 Dnami 吞下了，石頭是燒紅的，而且 Dnami 的一隻腳及大腿都被燒掉，變成跛腳了。雖然 Dnami 被燒，但沒有死，他很生氣的說：「好，沒有關係，你們既然這樣對待我，看看我，我會到天上的，我不會再回來了，我到天上去，我會用我的耳朵搧一搧，樹木都會裂開，你們的房屋都會裂開的。大風就是從那兒來的。大風是來自於我耳朵的，我的耳朵搧一搧大風就吹來。」巨人小便時，大雨洪水就降下，從此有了暴雨；巨人生氣呼號、尖叫，就「轟隆！轟隆！」的打雷，於是有了打雷。

從前時候，沒有雷，沒有大風，亦沒有大雨，Dnami 的怒氣就是他對人的懲罰，是 Dnami 對人的復仇。所以，天上、地下就有了雨，有了雷和風。(註二)

本則敘述情節如下：

(一)從前曾經出現過一位巨人，他的名字叫做 Tbawki。

(二)他一跨腳就是一座山嶺，山嶺都會震動。

(三)在 Btakan、Tkudu Tienshiang、Lucaw 等村落都留下了巨人的腳印足跡。

(四)巨人會用他長長的性器做為橋樑，使族人從上面走到對岸去。

(五)若是英俊瀟灑的男青年就讓他們爬過去，如果是醜的男青年，他

就讓他們翻落河中。

(六)被摔入河中的 Truku 人懷恨在心，有一天即思報復。

(七)巨人獸性大發，羞辱婦女，被族人把他的性器切掉，巨人就生病痛苦了。

(八)巨人生氣了，就使洪水氾濫大地。

(九)族人將不美不俊的男女青年，投進海裡以祭海神，但不為接受。

(十)族人只好將美貌的男女青年，用以祭海神，洪水始退。

(十一)族人認為丟進大海中的一對美麗的男女青年，流到日本去了。所以，英俊美貌的日本人就是這一對男女的後代。

(十二)巨人會欺負獵人，當獵人追趕野獸時，巨人就以逸待勞張開口等待吞下動物。使得獵人一無所獲。

(十三)人們討論對付巨人的辦法：把石頭燒得又紅又熱，佯裝追趕野獸，吸引巨人吞食，巨人上當了，一口吞下了火紅的石頭，一隻腳及大腿都被燒掉，而變成跛腳了。

(十四)巨人到天上去了，用他的巨耳搧風，樹木和房屋都會裂開，從此有了大風吹襲。

(十五)巨人小便時，大雨洪水就降下，從此有了暴雨。

(十六)巨人生氣呼號、尖叫，就「轟隆！轟隆！」的打雷，於是有了打雷。

註釋

註一：王玫瑰總編輯《移動的記憶（二）：太魯閣族部落史及家鄉資源調查成果冊》，花蓮秀林鄉公所，2015年12月，頁115-116。

註二：鐵米拿葳依《賽德克族口述傳統文化故事（第一集）》，2009年4月，頁104-106。

太魯閣族小矮人的故事

第七章

一、小矮人被活埋

採錄者：田哲益
採錄時間：2019年10月4日
採錄地點：花蓮縣秀林鄉富世村可樂部落
口述者：詹秋貴（70歲），太魯閣群

從前有一種小矮人，大概是小狗一般大，人模人樣，只是很嬌小，他們的行為怪異，與人類相差甚遠。小矮人像猴子一樣很會爬樹，有時候從草叢中突如其來的爬到人的身上，常常騷擾人類，使人不勝其煩。後來人們挖了一個大坑，把小矮人趕到裡面，就把他們埋起來了。從此小矮人就消失了，再也沒有出現在這個世間。

本則傳說故事情節如下：
（一）從前有一種小矮人，人模人樣，大概只是小狗一般大。
（二）小矮人的行事都與一般人類相異。
（三）小矮人像猴子一樣很會爬樹，動作迅速。

太魯閣族舊社部落有很多猴子

太魯閣族傳統住屋內部

（四）小矮人經常從草叢中跳到人的身上爬來爬去。

（五）小矮人經常騷擾人類，使人們不勝其煩，非常厭惡。

（六）人們挖了一個大坑，把小矮人全部埋起來了，從此小矮人就消失了。

二、小矮人傳說

資料來源：佐山融吉等編，余萬居譯《生蕃傳説集》

　　古時有一群小矮人，有一次部落族人在山上打獵，搭建了一小獵屋露營，夜深大家都睡著時，矮人爬上了屋樑擲刀殺人，其餘的族人連忙起身捉殺，可是已不見矮人蹤影。後來，有人入住小屋，小矮人又來了，這回拆了屋樑壓傷獵者，族人們忍無可忍，大怒說非要報仇不可，於是又在原地架設好小屋，然後故意外出，回來時小心留意，發現屋樑已經被動過手腳，知道小矮人又來過了，暗暗地備好武器，摩拳擦掌、嚴陣以待。矮人們不察，照往例溜進屋，被族人一個個打死了。經過這次事件後，矮人們還不知悔改，成群溜進一個小屋，又要偷襲，族人們早已察覺，一舉把小屋壓毀，殺盡矮人，從此之後再也沒見過他們。

　　本則傳說故事：

（一）小矮人性格桀驁不馴，而且也會攻擊太魯閣族人。

（二）太魯閣族人忍無可忍，一舉殺盡了小矮人，從此再也沒見過小矮人了。

　　對原住民族群而言，矮黑人的神話傳說含有重要的記憶，是構成神話歷史的一部分。對於小矮人是否存在，賽夏族至今有活生生的「巴斯達隘矮靈祭典」；南投縣仁愛鄉萬豐部落發掘出小矮人的遺址「曲冰遺址」；而台灣各原住民族多有小矮人的傳說故事，證明小矮人確實曾經存在於台灣本島。「小矮人」當然是與現今台灣的原住民族關係非常密切。國際通用的原住民定義，是指殖民或國家政權移入以前即已長久存在而歷史文化不相同的人群。

　　就台灣而言，目前考古學家們，由地下挖掘出來的資料解讀，大致已取得共識，認為台灣「新石器時代」以後的遺址與遺留，和南島民族有密切的關聯（學界所稱的南島民族，即台灣原住民）。換句話說，距今七千年前到六千五百年前以後的歷史和台灣原住民是息息相關的，晚近，學術界諸多研究更指出，分布全世界的南島民族的起源發祥地，很可能就在台灣，因此可以看出原住民在台灣乃至於全人類歷史發展中的重要地位。（註一）

　　至於舊石器時代台灣島上人類文化遺留的主人，不論解釋證據的方式與角度如何，我們可以判斷，他們也是台灣原住民族的先祖。

　　矮黑人確實是存在的，在世界各地都有發現矮黑人的蹤跡，在台灣矮黑人的傳聞也繪聲繪影。

　　非洲剛果河流域森林裡的矮黑人，自稱為 bamiki nde ndura（森林人），生活完全融入周遭的生態環境中。他們雖然長期與森林邊緣從事農耕的部落有貿易往來，但生活型態幾乎沒有什麼改變。美國自然歷史博物館的湯布爾（Colin Turnbull）曾於 1970 年代率先進入他們的森林裡，據他的估計，當時的人口約有四萬。（註二）

　　矮黑人以百人為單位（裡面大約有三十個家庭），平安無事的居住

在大小一百平方公里的封閉地區內。每個家庭的人口數都很少，反映出石器時代初生兒的高死亡率和大人的短壽。由於跟鄰近村落有交易往來，金屬刀已經取代了石製工具，有些箭頭也是金屬製品；除此之外，其他各種工具、武器、家具通通採用森林裡現成的材料。（註三）

在每個小單位裡，他們沒有明顯的階級制度，各人依其年齡、性別分配適當的工作。建造新營區時，男人負責提供建材，女人則負責將圓頂茅屋蓋起來。打獵時，女人和大孩子幫忙敲打林木，將林裡的羚羊或其他小動物趕往獵人架設的網子裡，另一批獵人則在網邊用矛或弓箭將獵物殺死。在這種分工原則下，女人都知道何處有水果可採、何處有可口的根類食物可挖。他們經常更換營地，以便讓森林休養生息；搬家時，除了金屬工具之外什麼也不帶。森林裡經常可以聽到他們高亢的歌聲和談話聲，這是適應森林生活所必需，目的是警告其他猛獸別擋路。（註四）

註釋

註一：Ciping〈小黑人〉，行政院原住民族委員會《台灣原 young——原住民青少年雜誌》第3期，
　　　頁3。

註二：Gerard Piel 著、張啟揚譯《科學人的年代　工具與人類演化》，台北，遠流出版公司，2003
　　　年2月，頁390。

註三：同註二。

註四：同註二。

太魯閣族農耕的故事

第八章

一、惡鳥麻雀

採錄者：鐵米拿葳依

採錄時間：1998年4月5日

採錄地點：花蓮富世村

口述者：許通益

　　今天，我要談從前我的父親留下的故事。所有的鳥類中有惡鳥，專門破壞人類的食物，亦有很好的鳥類。那些來到村裡隨意吃人所飼養的家禽，一種是山貓，一種是老鷹；而猴子及野豬也會來吃人類所種的糧食。亦有一種很壞的鳥稱 Puruc，從前牠不吃小米，怎麼說呢？從前，一粒小米就可煮一大鍋的小米飯，可供全家人吃，先人不需要勞累、不需要工作就有得吃，有一天，我們煮飯時，先人餓了，急著要吃飯。有一位懶惰的人不工作，他只在家等吃，這個懶惰的人說：「這半粒的小米能做什麼？」就把所有的小米倒進鍋內，小米滾燙甚至溢出來，「啤！啤」地發出聲音來，未熟的小米飯蹦出來就變成 Puruc，牠們對人說：「你們隨意破壞了人的食物！你們必須工作，必須勞累，必須辛苦，必須流汗，才會有得吃，因為你們破壞了食物。」我們之所以

1 | 2

1. 太魯閣族人勤勞從事農耕
2. 太魯閣族男女都很勤奮工作

會這樣辛苦勞累，那是因為我們事先破壞了飲食規範。自此開始人們要煮很多小米，才能夠一家人吃。(註一)

這是一則有關農耕的故事，人們破壞了規範，自討苦吃的傳說：

(一)鳥類中有惡鳥稱 Puruc（麻雀），專門破壞人類的食物。

(二)山貓或是老鷹，牠們會來抓族人飼養的雞吃。猴子會來吃人種的東西，野豬也會隨意來吃人類所種植的作物。

(三)從前，煮一粒小米就可供全家人吃了，不需要煮很多。

(四)古人不需要勞累流汗辛苦工作，因為煮飯只須煮一粒米就可以全家吃飽了。

(五)有一位懶惰的人把很多小米倒進鍋內煮，翻開鍋蓋，還沒有煮熟的小米飯蹦跳出來變成了 Puruc 惡鳥（麻雀）。

(六)麻雀對人說：你們破壞了飲食的規範，以後必須辛苦勞累工作才有足夠的食物吃，自此開始你們要煮很多小米，才能夠一家人吃。

二、種植的作物和釀酒

採錄者：陳溫蕙美

採錄時間：2007年5月1日

採錄地點：花蓮縣秀林鄉文蘭村

口述者：杜秀春（84歲）

以前我們族人都是種植小米（masu），沒有種蔬菜及稻米（payay），那時是在 Bkasan 部落，遷到米亞丸部落還是一樣種這些農作

物。小米種植的時間是一年一次，一月是播種，六月是收成。我知道母親有做過小米酒，我現在不做了，不是不會做，是沒有 tgla（酒麴），就是讓小米發酵的東西，做小米酒一定要有 dami（此語指的應該是酒麴）發酵，沒有 dami 發酵，就不會變成酒（msinaw）。（註二）

這是秀林鄉文蘭村米亞丸部落農作物的故事，以前也會釀造小米酒，現在沒有釀造了，因為沒有酒麴用以發酵。番薯（bunga）、芋頭（sari）也是族人主要種植的作物。

三、與漢族交易土地

採錄者：田哲益
採錄時間：2019 年 10 月 4 日
採錄地點：花蓮縣秀林鄉景美村布拉旦部落
口述者：李金花（52 歲），太魯閣群

....

以前的人沒有經濟頭腦，拗不過聰明的漢族人的誘惑和慫恿，就糊里糊塗的把土地轉讓了，甚至聽說只有一隻雞、一隻豬和太白酒（當時的低級酒類）就完成了土地的交換手續。這種情況是時常聽到的。

這是一則太魯閣族人與漢族人買賣土地的真實故事，原住民人生性憨厚，經濟頭腦不靈轉，只要一隻雞、一隻豬和低級酒類就完成了土地的交易。這樣的情況在其他原住民族群都是屢見不鮮的。

四、富世村土地被徵收

採錄者：田貴芳、鍾正華、楊素美、妮娜、尹影、吳秀蘭
採錄時間：2003年3月15日
採錄地點：花蓮縣秀林鄉富世村
口述者：胡文賢

　　民國68年時，亞洲水泥公司人員與秀林鄉公所人員到村子來說是要徵收我們的土地，他們要建造亞泥公司花蓮廠，當時村落上方的住家有二十八戶，鄉公所人員與亞泥人員對當地居民說：「此地為原住民保留地，政府要徵收，你們守著土地，以後也賣不出去。」之後就開始與居民協商要買賣土地。當時村民找來了前省議員陳學益代表村民跟亞泥人員、鄉公所人員協議，以每戶理賠十二萬元徵收，但村民不答應。後來又找來國大代表何耀寰先生出面，以每戶二十三萬元徵收，另秀林鄉公所再補助每戶五萬元整，村民才答應。那時候秀林鄉公所鄉長是張榮文（Jiru，基露），之後共有二十七戶人家開始搬至村落的下方，即富世國小對面，唯獨我們 Sudu 家族一戶堅持不搬。直到現在，Bsngan（富世村）上方的舊部落僅剩我家裡一戶。(註三)

　　本則是民國68年時，亞洲水泥公司與秀林鄉公所徵收富世村族人土地的原始，原有二十八戶人家的地方，只有 Sudu 家族一戶堅持不搬離。直到現在，富世村上方的舊部落僅剩這一戶。

註釋

註一：鐵米拿葳依《賽德克族口述傳統文化故事（第一集）》，2009年4月，頁120-121。

註二：王玫瑰總編輯《移動的記憶（二）：太魯閣族部落史及家鄉資源調查成果冊》，花蓮秀林鄉
　　　公所，2015年12月，頁37。

註三：田貴芳《太魯閣人：耆老百年回憶——男性篇》，台北，翰蘆圖書出版公司，2014年10
　　　月，頁172-173。

太魯閣族動物的故事

第九章

一、獵人對熊的禁忌

採錄者：田哲益

採錄時間：2019年10月4日

採錄地點：花蓮縣秀林鄉富世村可樂部落

口述者：詹秋貴（70歲），太魯閣群

⋯⋯⋯⋯⋯⋯⋯⋯⋯⋯⋯⋯⋯⋯⋯⋯⋯⋯⋯⋯⋯⋯⋯⋯⋯⋯⋯⋯⋯⋯⋯⋯⋯⋯⋯

　　獵人在山上遇到熊，必須要迴避，不能靠近，更不能抓獵小熊，母熊就在附近，抓小熊一定會被母熊攻擊。牠會把人抓住撕裂皮肉，非常殘忍。被熊追時，不可以爬樹，因為牠很會爬樹，爬樹等於是自投羅網。據說熊喜歡吃青剛櫟和蜂蜜。

　　本則是獵人在山上狩獵經驗的敘述：

（一）獵人在山上遇到熊，必須要迴避。

（二）避免正面靠近熊，這是很危險的。

（三）不可以抓小熊，一定會被母熊攻擊。

（四）熊抓到人，會把人的皮肉撕開，非常殘忍。

（五）熊擅長爬樹，被熊追逐時，不可以爬樹逃難，否則是自投羅網。

（六）熊喜歡吃青剛櫟和蜂蜜。

二、獵人殺熊違犯禁忌獨子溺死

採錄者：田哲益

採錄時間：2019年10月4日

採錄地點：花蓮縣秀林鄉景美村布拉旦部落

口述者：余榮光（54歲），太魯閣群

....

　　古代的獵人嚴禁殺熊和獵熊，他們看到熊會小心翼翼的繞道避開，殺熊和獵熊，家中一定會發生不幸的事情。我有一位朋友，住在加灣部落，有一次他設的陷阱就在本部落的後方山上，夾到了一隻熊，他還用槍射擊了熊，熊跑掉了，結果掉到三棧溪河中，這位獵人還回到了他的部落請了其他人幫忙到三棧溪把熊抬回家。後來，他的獨生子到三棧溪洗澡，結果不幸溺斃了。這就是違犯殺熊和獵熊的後果。這是真實的故事。

　　本則故事敘述一位獵人違犯了嚴禁殺熊和獵熊的傳統禁忌，結果他的獨生子到三棧溪洗澡，不幸溺斃了。此即違犯殺熊和獵熊禁忌的後果。報導人說這是真實的故事。

三、熊吃女人

採錄者：田哲益

採錄時間：2019年10月3日

採錄地點：花蓮縣秀林鄉水源部落

口述者：賴金枝（82歲），太魯閣群

....

　　這是真實的故事，老人家說：以前有一位女孩，被熊抓到一棵巨大的樹上，熊只吃女孩的胸部、腦和下體，女孩子就死了。這個故事是真的。

　　傳說熊會吃人，而且特別喜歡吃女人的乳房、頭腦和私處。

四、烏鴉是凶鳥

採錄者：田哲益

採錄時間：2019年10月4日

採錄地點：花蓮縣秀林鄉景美村布拉旦部落

口述者：余榮光（54歲），太魯閣群

....

　　烏鴉是凶鳥，從古至今都是如此。有一次凌晨的時候，看到一隻烏鴉在樹上啼叫，一個禮拜，我的阿姨就死了。過不久，烏鴉又來啼叫，部落裡又有一個人往生了。烏鴉跟鬼一樣，會把人帶走。這是真實的事情。

　　本則敘述烏鴉在部落裡啼叫是不吉利的事情，有一回烏鴉連續來啼叫了兩次，結果部落裡也連續發生了兩次往生的憾事。

五、螃蟹靈

採錄者：田哲益

採錄時間：2019年10月4日

採錄地點：花蓮縣秀林鄉富世村可樂部落

口述者：詹秋貴（70歲），太魯閣群

　　祖先的傳說，人死後要通過彩虹橋前往祖靈之地，未能通過者，就會掉到橋下的地獄河，河裡有一隻螃蟹，會一直吃你，讓你非常擔驚受恐，非常痛苦。

　　本則傳說故事敘述族人過逝後，靈魂要走過彩虹橋，能通過彩虹橋的靈魂會直達祖靈居地與祖先相聚。不能通過者掉落橋下的地獄河，會有一隻螃蟹靈，一直想要吃你。

六、蛇不會亂咬人

採錄者：田哲益

採錄時間：2019年10月4日

採錄地點：花蓮縣秀林鄉景美村加灣部落

口述者：李秀美（60歲），太魯閣群

　　蛇也是有靈性的，牠不會隨便亂咬人，除非攻擊牠才會防衛而咬人。據老人說蛇會咬心術不正的人，例如：一個男人對女人動手動腳，小心會被蛇咬。隨便對女人動手動腳，utux（祖靈）將會懲罰他，所以要小心。

　　本則傳說敘述：

（一）蛇是有靈性的，不會隨便亂咬人。

（二）蛇只會咬心術不正的人。

（三）男人對女人動手動腳會被蛇咬。

（四）被蛇咬是 utux（祖靈）的懲罰。

1 | 2

1. 傳説狗被人割掉舌頭就不會説人話了
2. 有些獵人是不吃猴子肉的

七、禁食猴肉

採錄者：田哲益

採錄時間：2019年10月4日

採錄地點：花蓮縣秀林鄉景美村布拉旦部落

口述者：李金花（52歲），太魯閣群

....

　　有的獵人是不獵殺和捕獵猴子的，他們也不吃猴子肉，因為他們
認為猴子是人類的祖先，動作舉止都和人一樣，所以不敢吃牠。我們家
也是不吃猴子肉的。

　　本則故事涉及到人類的祖先是猴子演進發展的課題，認為猴子是
人類祖先的族人則不吃猴子肉，也不獵殺猴子。

八、獸、人、蛇、鳥

資料來源：范純甫《原住民傳說（上）》

....

　　上古時代，里克卜卜的地方有一棵巨樹，蒼鬱的枝葉蓋覆了天
地，使得日光被遮蔽住了，大地一片黑暗。慢慢地，從巨樹的樹幹下
方，生出了一隻四腳而全身長著皮毛的生物（獸）。接著，同樣從樹幹
下方生下了一個狀似樹木，有軀幹，有雙對根枝，頂上具有一粒瘤的生
物，用它的兩根支持了軀幹，兩枝則能自由行動。然後，又從樹幹上方
生下了兩樣東西：一是形體細長，雖不能步行，卻能很巧妙地匍匐走路

的（蛇）；另一為體輕手長，既不匍匐也不步行，而在空中飛翔自在的
（鳥）。這些生物就是獸、人、蛇、鳥的祖先。從上方所生的蛇、鳥能
登上樹木；可是從下方生下的人、獸卻不能；因此，人、獸都不棲息於
樹上。這四種動物雖被創造了，但因天地常暗，並未相遇。後來偶然遇
在一起，於是人提議說：「我們各自去嘗食萬物，尋找適口的東西作為
食物吧！」大家都贊成。爾後從樹幹化成的最初的男人身上，再生了男
女兩個人，這就是太魯閣的遠祖。（註一）

　　這是宇宙生成萬物的一則傳說故事。獸、人、蛇、鳥就是在那個
時候化生而成的。並且「從樹幹化成的最初的男人身上，再生了男女兩
個人，這就是太魯閣族的遠祖」。

九、狗說謊被割舌頭

採錄者：田哲益
採錄時間：2019 年 10 月 3 日
採錄地點：花蓮縣秀林鄉水源部落
口述者：賴金枝（82 歲），太魯閣群

....

　　我有聽過以前狗會說人話，但是狗太愛講話了，常常誇大不實，
也會說謊話，所以就被人割掉舌頭，從此就不會講話了。

　　狗原來是會說人話的。由於狗很喜歡說大話、欺騙人，被人割下
舌頭，從此就不會說話了。

十、狗被剪掉舌頭

資料來源：許端容《台灣花蓮賽德克族民間故事》

....

　　以前的狗會講話。牠為我們打獵、看家，和族人們生活在一起。但狗很愛講話，常常說話又不知道分寸。以前的人要上廁所，通常會委婉的說我要出去一下，而不會直接說：「我要大小便。」這是忌諱。此外也不能講生殖器官之類的詞彙，尤其是對親友。有一家人養了隻狗，哥哥一直找不到牠，找了很久，突然間牠冒了出來，哥哥就問：「你去了哪裡？」狗回答：「我剛剛去吃你妹妹的大便啊！」哥哥聽了生氣大罵：「你這隻狗怎麼講壞話！」就把牠抓來剪掉舌頭，從此之後狗就不會講話了。

　　本則故事狗被剪掉舌頭，是狗沒大沒小，會說出人類忌諱的詞語，比如要上廁所，不可以直說，須委婉地說：「要出去一下」。「大便」和「小便」也不可以隨便亂說。這隻狗冒犯了族人的語言禁忌，被割掉了舌頭，從此就不會講話了。

十一、狗與女傳宗繁衍後代

採錄者：趙惠群

採錄時間：2002年

資料來源：趙惠群〈立山部落悸動的原始之美〉

....

卓溪鄉的原住民以布農族為主，而太魯閣族人居住立山村，潘恩光說，他們是從遙遠的太魯閣遷居來此。……相傳在遠古時代，北方有個部落家族，家大業大，但家主只生了一個女兒，這女孩長大之後，想到異地發展，於是她的父親送給她一隻狗和一艘滿載金銀珠寶的船，女孩乘船漂洋過海，來到太魯閣的出海口，便在此定居，過了一些時日，那條狗突然開口說話，表示服侍女孩多年，沒有得到一點回報，於是女孩答應為那條狗找個新娘，隔天來了一個紋面的女子，其實那就是這女孩的化身，於是兩人結為連理，他們的後代也就是太魯閣族。(註二)

這是卓溪鄉立山部落的故事，其實花東地區的太魯閣族因為原住民之間的居住地相壓迫，因而產生民族大遷移，到了日治時期，日本人強迫太魯閣族遷移到平地，而卓溪的太魯閣族人也就因此長征到豐坪溪谷。(註三)

本則傳說故事：

(一)遠古時代，有一位女孩乘船漂洋過海到異地發展。

(二)她的父親送給她一隻狗和一艘滿載金銀珠寶的船。

(三)女孩來到了太魯閣的出海口，便在此定居。

(四)服侍女孩多年的狗說起人話，希望獲得女孩的回饋。

(五)女孩紋起面來便與狗成親，他們就是太魯閣族人的祖先。

註釋

註一：范純甫《原住民傳說（上）》，台北，華嚴出版社，1996年8月，頁100-101。

註二：趙惠群〈立山部落悸動的原始之美〉，《原鄉旅情》，2002年春季號，頁126-127。

註三：同註二。

太魯閣族變異的故事

第十章

一、小米變成麻雀

採錄者：田哲益

採錄時間：2019年10月4日

採錄地點：花蓮縣秀林鄉富世村可樂部落

口述者：詹秋貴（70歲），太魯閣群

....

以前的人煮小米飯吃，不像現在要煮很多。一粒小米膨脹起來，就是一個人的飯量，所以一個人只煮一粒小米就可以了。有一個女人不遵守gaya（規範、規矩），她很貪心，一下子煮了很多粒小米，結果utux（祖靈）生氣了。當她打開鍋蓋，鍋裡的小米飯全部都變成小麻雀飛走了，每當族人種植的小米要成熟的時候，成群的小麻雀就會飛來啄食，讓族人非常生氣與痛心。老人家交代，一個人不可以太過於貪心無度，否則會得不償失。

這是一則不按照規矩行事的傳說故事，結果小米變成了麻雀，每當小米田的小米快要成熟的時候，成群的麻雀就會飛來啄食。此則為口

日治時期太魯閣群族人

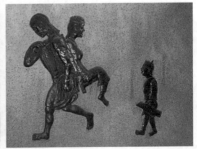

結婚揹負圖

傳祖訓：「一個人不可以太過於貪心無度，否則會得不償失」。

二、小米變小鳥傳說

　　從前的人煮小米的時候，先把小米切成一半，煮半粒，因為當時小米煮起來會膨脹增加，並且夠吃。有一次一位老人家覺得很麻煩，就將一粒小米煮上，結果這粒小米膨漲到煮小米的鍋子爆裂；同時小米飯立刻變成小鳥，成群地飛上天空。從此人們無論努力流汗種植小米或工作，他們的食物，仍然不夠用，需要日夜不停地努力耕作，才能有一點收穫。

　　本則故事與上則故事相似，都是行事不按規矩，得到不好的結果。

三、猴子變成人

採錄者：田哲益
採錄時間：2019年10月3日
採錄地點：花蓮縣秀林鄉水源部落
口述者：賴金枝（82歲），太魯閣群

　　一群人在山上工作，中午休息吃中餐的時候，大家高興的東南西北聊聊天，有一個人突然看到小溪的對岸，繁茂的草叢搖擺非常激烈。他大聲叫喊著：「大家看看對岸的草叢，為什麼搖擺這麼大，到底是發生了什麼事情？」大家仔細一看，有一隻猴子在搖晃，一面又按摩

自己的頭,搖晃約有三十分鐘光景,體毛逐漸消失,最後變成了人。因為距離遙遠,看不清是男人還是女人。以前是有這樣傳說的。

　　本則故事是猴子變人的傳說,這個母題在世界上很多民族都有類似的說法:

(一)一群工作的人看到小溪的對岸,草叢搖擺非常激烈。

(二)看到是一隻猴子搖晃的,牠一面搖晃,一面又按摩自己的頭。

(三)猴子搖晃了約三十分鐘,身體上的毛逐漸消失了,最後變成了人。

太魯閣族
祖靈信仰的故事

第十一章

一、獻祭祖靈

採錄者：陳溫蕙美

採錄時間：2008年6月8日

採錄地點：秀林鄉富世村

口述者：徐阿金

⋯⋯⋯⋯⋯⋯⋯⋯⋯⋯⋯⋯⋯⋯⋯⋯⋯⋯⋯⋯⋯⋯⋯⋯⋯⋯⋯⋯⋯⋯⋯⋯⋯⋯⋯⋯⋯⋯

　　我們 powda 都是對著自己的祖先 utux rudan ta 說，所謂的 utux 是
自己的祖先，如果祖先想念家人，他們會回來。小孩現在是好好的，不
一會兒就會很奇怪的發抖，就是 qrapan bgihur 的意思。大人看到這種
情況，就會趕快抓自己養的家畜 powda，叫 utux 回去，utux 回去了，
孩子就會自己醒來。像這樣的情形 sbihur 是非常危險的，一定要緊急
的做 powda 的儀式。我現在是信天主教，不管是信什麼教，老人家的
gaya 是不能忘記、不可以放棄的，我家有不吉利的事情發生，我還是
會 powda 的。（註一）

　　本則敘述族人對祖靈 powda（獻祭）儀式，獻祭是用家裡養的禽畜
來獻祭。口述者還特別強調：現代都已經信仰基督、天主教，還是不能
忘記祖先的 gaya（規矩或儀式）。

二、獻豬祭祖靈

採錄時間：2008年5月6日

口述者：許通利

....

　　耕種的土地不能使用太久，必須三年更換一次，使用過的土地要休耕種樹，等到十年後再開墾、砍樹、砍草，然後用火燒。當然有些自己種的樹帶回家，劈成一段一段的木頭，供給家裡作為燒柴用途。燒過的土地又是一塊新的土地，土地肥沃而不需要灑農藥，所以種的農作物都非常好。就在幾十年前，那時我的年紀很小，我的父親種植稻米一年只能收成一次，父親的稻米生長得非常好，可是那一年天氣開始有了暴風雨的變化，那是一場颱風要來的氣候。父親趕緊召請家族的長輩們商議討論，後來他們抓了一條大約三、四十斤的豬肉，抬往溪流的方向，我詢問我的母親，為什麼要把豬抬到溪流邊呢？還沒有等母親開口說，祖母就告訴我，原來是要到溪邊獻祭祖先的靈魂，要不然稻米會被颱風吹壞掉，那我們就沒有米可以吃了，抓豬獻祭是為了不要讓颱風

太魯閣族人非常遵守祖訓 gaya

太魯閣族的精神圖騰──佩刀

吹往這裡。他們在溪邊殺豬，沒有燒毛而把豬肉剁成一塊一塊，直接丟往溪水中，讓豬肉流向大海。做完這些儀式動作之後，非常高興。這是我在小時候親眼所見到的情形。（註二）

以祖靈為中心信仰的部落社會，祭儀占卜以求取人靈和諧的傳統信仰，遇有災厄疾病、行事異常的解釋，部落族人皆將其歸因於祖靈系統，並從中獲致解決。山田燒墾、拓展耕地、守護獵區等事項，皆為農獵生活的基本樣貌，也是傳統時期太魯閣族人賴以生存的技能。（註三）

三、遵守祖訓

採錄者：田哲益

採錄時間：2019年10月3日

採錄地點：花蓮縣秀林鄉水源部落

口述者：賴天文（62歲），太魯閣群

太魯閣族人是非常遵守祖訓（gaya）的民族，一切行事均遵循祖靈的訓示，凡是違反者死後均不得回到祖靈居地與親友相聚，族人皆身體力行實踐祖先的規範，小孩子的行為也要中規中矩，不能夠隨便。例如：父母親交代可以吃的東西才可以吃，沒有交代就不可以吃，別人的東西不可以隨便亂拿，否則會被 utux（祖靈）懲罰。

太魯閣族是非常遵守祖訓的民族，凡是不符合祖先規範者皆不可為，否則會被 utux（祖靈）懲罰。

四、凡事祈禱得救助

採錄者：田哲益
採錄時間：2019年10月4日
採錄地點：花蓮縣秀林鄉景美村布拉旦部落
口述者：余榮光（54歲），太魯閣群

....

　　古代的人凡事祈禱祖靈，祈佑平安順遂，新的基督宗教信仰也是以祈禱「天主」護佑。我的太太在生產的時候，我們在醫院裡根本就沒有一毛錢，我的太太拚命祈禱求主幫助，突然很多人來到醫院裡，救濟了燃眉之需。所以「祈禱是信心的起源」。

五、現代宗教信仰

採錄者：田貴芳、鍾正華、楊素美、妮娜、尹影、吳秀蘭
採錄時間：2003年3月15日
採錄地點：花蓮縣秀林鄉富世村
口述者：胡文賢

....

　　以前西方宗教進入我們部落時，是會被日本人禁止的，但部落族人都會偷偷的跑到山上聚會，躲開日本人的監視。最先來到台灣傳教的有基督教以及後來的天主教、真耶穌教會，開始了族人的信仰。（註四）

　　目前太魯閣族人的基督宗教信仰，是自日治時期開始傳入部落，

但是當時受到日本人禁止，只好偷偷摸摸的聚會，如今已經成為了族人的信仰中心。

註釋

註一：王玫瑰總編輯《移動的記憶（四）：太魯閣族部落史及家鄉資源調查成果冊》，花蓮秀林鄉公所，2015年12月，頁53。

註二：同註一，頁29。

註三：同註二。

註四：田貴芳《太魯閣人：耆老百年回憶——男性篇》，台北，翰蘆圖書出版公司，2014年10月，頁173。

太魯閣族鬼魂的故事

第十二章

一、善靈與惡靈

採錄者：田哲益

採錄時間：2019年10月4日

採錄地點：花蓮縣秀林鄉富世村可樂部落

口述者：詹秋貴（70歲），太魯閣群

....

　　太魯閣族祖先的靈魂有兩種，一種是善靈，一種是惡靈。兩種「靈」都會降禍人間，但是善靈是族人祈求的對象，惡靈是巫師驅除的對象。

　　本則敘述太魯閣族人的靈魂觀，他們持著靈魂不滅說，認為靈魂有兩種，善靈和惡靈。善靈會降福人間，同時也會降禍人間，為人們祈求的對象；惡靈只會降禍人間，為巫師驅除的對象。

二、哥哥的靈魂

採錄者：田哲益

採錄時間：2019年10月4日

採錄地點：花蓮縣秀林鄉景美村布拉旦部落

口述者：李金花（52歲），太魯閣群

....

　　晚上七、八點鐘的時候，有兩隻烏鴉飛到我家門前的電線桿上。有一隻烏鴉對著我叫 qah-qah-qah，另一隻烏鴉則沒有叫。三天後，我

的哥哥在往和平的隧道裡車禍身亡，兩部機車對撞，都當場死亡。後來才想到三天前我所看到的兩隻烏鴉，對我叫的那隻烏鴉就是我哥哥的魂靈，他來通知我。另一隻沒有叫的烏鴉，就是與他對撞的那個人的魂靈，哥哥也把他帶來了。這是真實的事情。

　　這是一則烏鴉報凶訊的故事，報導人很堅定這是真實的故事。她的哥哥在出事三天前，靈魂化成烏鴉飛來告知妹妹將發生不測之事。

三、真的有靈魂

採錄者：田哲益
採錄時間：2019 年 10 月 4 日
採錄地點：花蓮縣秀林鄉景美村布拉旦部落
口述者：李金花（52 歲），太魯閣群

　　我的哥哥在往和平的隧道發生車禍身亡，我們有五、六位前往隧道招魂，我沿路撒他最愛吃的檳榔。奇怪的事情發生了，八十幾歲的嬸嬸，腳腫得很大很大，我則被附身，哥哥的鬼魂附身的壓力很大。從這個時候我就相信了世間上真的有鬼魂的存在。出殯的那天晚上，大姐拿了一本《聖經》，用《聖經》敲打我的背後，敲打了將近四十分鐘，哥哥的鬼魂附身就解脫了，我的身體如釋負重。過幾天，哥哥來託夢，他騎著白馬走了。這是我親身的經歷。

本則真實故事：

（一）哥哥在隧道車禍身亡，五、六位家人前往隧道招魂。

（二）八十幾歲的嬸嬸，在隧道裡腳腫得很大很大。

（三）報導人被哥哥的靈魂附身，鬼魂附身的壓力很大。

（四）哥哥出殯的那天晚上，大姐拿了一本《聖經》，用《聖經》敲打報導
　　　人的背後將近四十分鐘，哥哥的鬼魂在她身上附身就解脫了。她
　　　如釋負重。

（五）過幾天，報導人做了一場夢，夢見哥哥騎著白馬走了。

四、掃除水果和紙錢祭品發生意外

採錄者：田哲益

採錄時間：2019年10月4日

採錄地點：花蓮縣秀林鄉景美村布拉旦部落

口述者：李金花（52歲），太魯閣群

　　我擔任清潔工，在中橫公路慈恩附近的陽明隧道掃除水溝及路
面，看到有水果盆和滿地的紙錢，就把水果和紙錢清掃乾淨。清掃工作

1 | 2

1. 太魯閣族女子
　舞蹈
2. 太魯閣族女子
　服飾

完畢後，坐在貨車的後面，到達家門口卻從貨車後面掉到地上，手臂受傷了，縫了十三針。這種意外的發生，可能是清掃果盆和紙錢有關，鬼魂不高興，才讓我發生意外。後來才知道，這裡發生了「油桶屍案」，把人殺死後，裝入大油桶裡，棄置河溪中。

本則故事是報導人在中橫公路慈恩附近的陽明隧道，掃除水溝及路面，見有人家祭祀亡靈的水果及紙錢，把它掃除乾淨。回到家門口卻從貨車後面掉到地上，導致手臂受傷，縫了十三針。報導人認為這是亡靈不高興她把祭品掃掉的緣故。

五、鬼的故事

採錄者：鐵米拿葳依
採錄時間：1998年4月5日
採錄地點：花蓮富世村
口述者：葉阿好

從前真的有 Utux 鬼出沒的傳聞。它會出來嚇人，如果人真的很壞，它會把人抓到山中，讓他呆坐在那裡，「Hlayan」就是呆坐在山裡，連頸項都彎了，不易帶走，除非有人替他說話求情。從前我們沒有酒，我們釀小米酒喝，喝了不會醉，不像現在的酒會醉人，所以如果人很壞，鬼就會來抓醉酒的人。「有許多人被鬼抓過？」「是的，最近好像也有鬼，小孩到甘蔗田裡去採甘蔗，孩子要回家，就被鬼抓了，帶到山中把他藏在哪兒都不知道，不是被人抓走的。」真的，從古至今都

有鬼來嚇人，而且會用石頭打人。我自己的孩子是沒有被抓過，但是鄰居的孩子是有過的，本部落也有個孩子曾被鬼抓走的案例。現在沒有鬼了，因為現在都是信徒，現在沒有鬼了。（註一）

本則傳說故事情節要述如下：

(一)以前在族人還沒有信仰基督宗教的時候，傳說有很多鬼在部落裡出沒，出來嚇人。

(二)鬼會把人抓到山中，讓人呆坐在那裡，而且還會用石頭打人。

(三)鬼不分你是好人還是壞人，它都會抓。

(四)鬼也會抓酒醉的人。

(五)以前有許多人曾經被鬼抓過，現在已經沒有鬼了，因為族人都信仰了基督宗教。

註釋

註一：鐵米拿葳依《賽德克族口述傳統文化故事（第一集）》，2009年4月，頁184。

太魯閣族祈福與淨身儀式的故事

第十三章

一、祈福消災儀式

採錄者：Tunux Wasi 等

採錄時間：2015 年 7 月 17 日

採錄地點：花蓮縣秀林鄉和平村

口述者：吳進福

Powda（祈福消災儀式）是一種 gaya，現在也是一樣，碰到什麼事情，就要殺豬，這是習俗，一定要這樣。(註一)

本則敘述太魯閣族人的祈福消災儀式（Powda），要殺一隻豬，這是自古以來的 gaya（規範、規矩、習俗）。至今遇到任何事情，殺豬是必須的。例如：買新車、買房、入伍、生日、祓除等，都要殺豬。

二、Powda gaya 淨身驅邪

採錄者：陳溫蕙美

採錄時間：2008 年 6 月 8 日

採錄地點：花蓮縣秀林鄉富世村

口述者：高來富

這就好像 smapuh，男孩子出車禍的時候，或者是女孩子不好，跟別的男人有隨便的行為，就像這樣，用這種方式讓罪惡從這個過程滑過清除（muda），這就是 powda gaga。powda gaya 就是祭一頭公豬，讓你

1 | 2　1. 獵人與蛇搏鬥
　　　　2. 獵人與鹿搏鬥

不會經過不好的道路（naqix elu 指受傷、壞運氣、獵不到野獸等），讓孩子走向平順，不會走錯路，或者碰到不好的人。這就是我父親在 powda 的時候說的話，我的婆婆也是這樣做，那時候我還趕上了她們這種傳統祭祀的年代，我的公公、婆婆都是老時代的人，他們非常 mgaya（嚴守禁忌規範）。……以前我的孩子常出車禍，我都是用祖先的方式做醫療。……我有一個住在南投的孩子，到這裡買了一頭豬，因為跟別人發生男女關係，他就跟我說要做 powda 的儀式來洗淨（powda gaya），我就說殺一頭豬給你吃，「讓孩子即使經過曲折的道路，也要讓他走上好走的路，不要讓他碰到鬼魂還有不好的人，請你好好的看顧他，無論他走到哪裡，請你幫助我們，要好好的看顧。」這就是我在祭詞裡面的內容，後來他也就沒有發生任何事情。祭祀的時候要把豬所有的身體部位撂一些下來，再把它包起來，拿去丟掉，……祭品裡面也有酒，先倒到酒杯裡，然後說一些話，……儀式做完之後，緊接著就用力 thuy 一聲。這是我看過我的婆婆做的儀式，所以我會知道這些。做過這個儀式之後，我的孩子也真的在往後的幾年裡很平順、很平安。(註二)

　　本則故事敘述如下：

（一）男孩出車禍，女子不淑，要用 powda gaya 讓罪惡或不幸從這個過程儀式中滑過清除。

（二）powda gaya 就是祭祀一頭公豬。

（三）祭祀過一頭公豬後，往後就會讓你走上平順的道路，不會走錯路，或者碰到不好的人。繞過不好的道路，例如：受傷、壞運氣、獵不到野獸等。

（四）祭祀的公豬，要把豬所有的身體部位擰一些包起來，拿去丟掉，把酒倒到酒杯裡，說一些祈祝之語。

三、殺豬禳祓

採錄者：Tunux Wasi 等
採錄地點：花蓮縣秀林鄉佳民村
口述者：盧阿雪

powda gaya，如果發生有的沒有的事情，通常都會殺豬，結婚也會殺豬，在外面有不好的事情，也會殺豬，這樣可以安心，如果發生什麼事情就殺豬。（註三）

本則敘述太魯閣族人殺豬的時機，例如：結婚、遇到不好的事等，都會殺豬。除了喜慶之外，遇到不好的事情也要殺豬禳祓。

註釋

註一：王玫瑰總編輯《移動的記憶（四）：太魯閣族部落史及家鄉資源調查成果冊》，花蓮秀林鄉
　　　公所，2015年12月，頁102。

註二：同註一，頁48-49。

註三：王玫瑰總編輯《移動的記憶（三）：太魯閣族部落史及家鄉資源調查成果冊》，花蓮秀林鄉
　　　公所，2015年12月，頁38。

太魯閣族巫醫與傳統醫療的故事

第十四章

一、巫師祈雨

採錄者：田哲益

採錄時間：2019年10月3日

採錄地點：花蓮縣秀林鄉水源部落

口述者：賴天文（62歲），太魯閣群

....

　　古代的生活是以狩獵和山田燒墾為主，但是從事早期原始農耕是要靠天吃飯的。農耕作物需要雨水的滋潤，才能夠生長的很好，才會豐收，所以沒有雨水的潤養，作物就會乾枯，長不出東西來，嚴重影響族人的生計。雨水是生命之源，它可以讓人們得到溫飽，每當久未逢雨，族人就會很緊張，便紛紛請求巫師祈雨，救救族人的生產作物，祈雨是巫師的職責，也是族人的期待與願望。據說只要人們意誠求巫師禱雨，上天是會降下甘霖的。巫師祈雨是古代重要的工作與法術。

　　本則敘述巫師祈雨是古代重要的工作與法術，古代種植作物，靠雨水滋潤，祈天下雨降下甘霖，是族人的願望與期盼。

二、巫醫治偏頭痛

採錄者：田哲益

採錄時間：2019年10月3日

採錄地點：花蓮縣秀林鄉水源部落

口述者：賴天文（62歲），太魯閣群

在萬榮鄉萬榮部落有一位巫醫名叫 U-kaq，傳說她是治療偏頭痛的巫醫，而且經過許多人證實。她的神祕巫術是如何呢？她是用三層肉切成小片，還有檳榔、香菸和米酒為法器。她念起冗長的咒語，再用米酒以口噴灑在患者的身體上，偏頭痛就治癒了，傳說她也可以治癒現代醫學無法醫治的病。

這是一則巫師專治偏頭痛的巫術，據說非常靈驗。而且這位名叫 U-kaq 的女巫醫，據聞也可以治癒現代醫學無法醫治的病。

三、巫師夢蛇

採錄者：田哲益

採錄時間：2019年10月4日

採錄地點：花蓮縣秀林鄉富世村可樂部落

口述者：詹秋貴（70歲），太魯閣群

傳說一個人夢見有蛇爬到她的身體轉圈，這是 Utux（鬼魂神靈）傳

授巫術給這個人的徵兆,第二天醒來,她有強烈被傳授的感覺,她已經自然會施術,從此就做巫醫了,接受求治者的醫療與救濟。

本則是夢見蛇而成巫醫的故事:

(一)夢見有蛇爬到身體轉圈,這是 Utux(鬼魂神靈)傳授巫術給這個人。

(二)夢者醒來,身體會有強烈被傳授巫術的感覺。

(三)夢者已經自然而然習會巫術成為巫醫了,不須從習巫的過程而成巫。

(四)夢者開始治病與醫療。

四、巫醫家豬治病

採錄者:田哲益

採錄時間:2019 年 10 月 4 日

採錄地點:花蓮縣秀林鄉富世村可樂部落

口述者:詹秋貴(70 歲),太魯閣群

⋯⋯⋯⋯⋯⋯⋯⋯⋯⋯⋯⋯⋯⋯⋯⋯⋯⋯⋯⋯⋯⋯⋯⋯⋯⋯⋯⋯⋯⋯⋯⋯

巫師治病施術,巫師會用竹占與祖靈溝通和對話,男女祖靈都要問:「你要的祭品是四隻腳的還是兩隻腳的?」如果說:「四隻腳的。」那就是「豬」;如果說:「兩隻腳的。」那就是「雞」。病重者用豬,病輕者用雞。豬一定要用家裡養的家豬,不可以用山豬,因為山豬是屬於祖靈的。這是我聽說的巫醫治病有關祭品的故事。

本則傳說要述如下:

(一)巫師治病施術以竹為占卜法器與祖靈溝通和對話。

(二)巫師會問祖靈要用四隻腳的(豬),還是兩隻腳的(雞)來祭祀。

(三)病重者用豬,病輕者用雞。

(四)祭祀豬一定要用家裡養的家豬,不可以用山豬,因為山豬是屬於祖靈的。

　　從本則故事,可知「致病」者是祖靈,所以人才會生病。不遵祖靈遺訓者,祖靈就會降病禍來。

五、巫醫治好了我的病

採錄者:田哲益

採錄時間:2019年10月4日

採錄地點:花蓮縣秀林鄉景美村布拉旦部落

口述者:李金花(52歲),太魯閣群

　　早年家庭經濟拮据,我13歲的時候就到台北學習美髮,有一次生了一場大病,一、兩個月西醫都無法治好,我住和平(花蓮縣秀林鄉和平部落)的媽媽就叫我的哥哥把我帶回家。媽媽知道萬榮鄉有很多巫師,就帶我去給女巫師治病,她住在一間極小簡陋的木屋,看到我們第一句話就說:「妳的女兒身邊有一個人,也一起跟著來了。」女巫用菸葉施法,念咒語,從菸葉裡看到了原來在我身邊的人是我的父親,因為他很擔心我在台北的生活,所以就一直跟著我,用讓我生病的方式,讓我回家了。人的一生中奇奇妙妙的事情真的是太多太多了,只要心裡有祖靈和上帝,凡事都會雨過天晴,事事順暢。

　　本則故事敘述報導人在年少的時候在台北工作謀生。有一回她生病了，西醫都無法治好，母親叫她的哥哥把她帶回家，帶去萬榮鄉給巫醫治病，病因原來是她已經死去的父親一直跟隨在她的身邊，擔心女兒的安危，用這種致病的方式讓她終於回家了。

六、太魯閣族巫醫的孫女

資料來源：瑁瑁‧瑪紹〈東賽德克巫醫的孫女〉

　　在我出生時曾有過一個相當特別的經驗，就是我剛出生時是被醫生宣告為「斷氣了」，但是我的祖母並沒有放棄我，她把我帶到山上，然後從她的豬圈裡面扛了一頭山豬到山裡，因為我的祖母是一個巫醫，她可以和惡靈談判，最後她用那頭豬把我的命給換回來，說起來真是不可思議，連我剛開始也不太相信，但這段過程是很艱辛的，她大概花了半天的時間在和惡靈談判，之後我就醒了，我的重生也就從那個時候。

　　我對祖母的景仰和信賴，是在她告訴我這件事情之後，而我也因為山豬救了我的命，所以之後我就不吃山豬肉。每當我將這段過程說給別人聽的時候，他們也都覺得很不可思議，但我的祖母在我的生活當中還製造了很多奇蹟，其中一個是關於我的堂姊。她們夫妻大概結婚十年都沒有孩子，我祖母就和另一個巫醫一起幫她們創造生命，當時我祖母拿了一個竹杯子，裡面裝有半杯的小米酒，然後她在我妹妹的肩膀上吸了一口血放在杯子裡，當她把我堂姊和堂姊夫的食指同時放入杯子裡時，根據當時我堂姊所說，就像電流竄入般，一直使她們顫抖，當時我也在現場，所以這對我來說是個很奇特的經驗，當然她沒有告訴我為什

麼要這麼做，但就是有她們的方法，而果真不到半年，我堂姊就懷孕了，我覺得這是祖母讓我印象最深刻的一次。另一個事件是關於我姑媽的，當時她得了一種怪病，醫生都沒有辦法醫好，就是她的腰非常的痛，後來她來找祖母，而祖母也找了另一個巫醫一起來施法，她們發現姑媽的腰被人放了類似貝殼的東西，位置剛好在腎臟的中間，後來她們用另一個方法將它取出來，當時我也在現場，所以我也見證了姑媽的痊癒，諸如此類的奇蹟在她的身上不斷的發生，因為只要是她醫病的現場我都會跟著她，大概跟了有十六年之久，在這段時間我都是和我祖母一起生活的。(註一)

　　本則故事是講述者的祖母巫醫治病的實例，要述如下：

(一)講述者的祖母是一位傳統巫醫，可以和惡靈談判。

(二)講述者出生時被西醫宣告為「斷氣了」。

(三)她的祖母並沒有放棄她，把她帶到山上用巫術救活了她。

(四)祖母用一頭豬把講述者的生命給換了回來。

(五)祖母花了半天的時間與惡靈談判，之後講述者就醒了，有了生命跡象的重生了。

(六)祖母的巫術還曾讓講述者久婚不孕的堂姊生下了孩子。

(七)祖母用竹杯子，裡面裝有半杯的小米酒，然後在講述者妹妹的肩膀上吸了一口血放在杯子裡。

(八)之後將講述者的堂姊和堂姊夫的食指同時放入杯子裡時，就像電流竄入般，一直使她們顫抖，果真不到半年，堂姊就懷孕了。

(九)講述者的姑媽得了一種怪病，西醫都沒有辦法治好。

(十)姑媽得的是腰痛的病，非常疼痛。

(十一) 祖母發現姑媽的腰被人放了類似貝殼的東西，位置剛好在腎臟的中間，後來就被醫好了

七、成巫之路

資料來源：瑂瑂‧瑪紹〈東賽德克巫醫的孫女〉

....

　　我小時候曾問過祖母可否和她一起學習當個巫醫，但她說我太膽小了，無法在和惡靈交談時成功，而且可能會被牽著走，也因為如此，我沒有學到祖母的醫術，……因為我十六年來和她相處的經驗，我所學習到的是關於她精神層面的部分，而她當時或許已經看到我未來會走的路了，她也知道科技會越來越發達，這些將來是可以被取代的，而我的未來卻還有更多的使命在等著我，雖然我當時還小，她並沒有和我談很多，她只是說會有屬於我走的路。(註二)

　　從本則來看，講述者瑂瑂‧瑪紹雖然與巫醫的祖母相處有十六年之久，她學習到的卻是關於祖母精神層面的部分，所以她後來也沒有實際傳承祖母的衣缽。

八、傳統醫療

採錄者：陳溫蕙美

採錄時間：2008年6月8日

採錄地點：花蓮縣秀林鄉富世村

口述者：高來富

    以前的人是用 layac，放炭灰包起來，用來醫療受傷或拉肚子。還有一種是 qdang，就是芒草的末梢搗碎，加水後放到傷口上，……把芒草放到水裡，在那裡念祭詞，這就是以前的 gaya，是 mita utux 的儀式，以前所有的人，使用的方式都一樣，他們也有用 spriq 搗碎之後貼在傷口上，我不知道它們的名稱，以前的人也用這樣的方式治療疾病。拉肚子則是去山上拿 kuhaku（黃皮樹），咬它的皮很辛辣、樹皮像蛋黃的顏色，那是他們以前治療拉肚子的植物，牙痛還是用 smapuh 的方式。(註三)

    本則敘述太魯閣族人的傳統醫藥：

（一）用 layac，放炭灰包起來，可治受傷或拉肚子。

（二）用 qdang，就是芒草的末梢搗碎，加水後放到傷口上。

（三）用 spriq 搗碎之後貼在傷口上。

（四）用 kuhaku（黃皮樹），咬它的皮很辛辣，可治拉肚子。

（五）牙痛是用 smapuh 的方式。

九、巫醫治病

採錄者：陳溫蕙美

採錄時間：2008年6月8日

採錄地點：花蓮縣秀林鄉富世村

口述者：徐阿金

　　以前在山上是沒有醫生的，如果有 luqix 或受傷，老人家都會到草叢裡拔一種 spriq，塗在傷口上，傷口是會好的。……還有身體酸痛，他們會摘 qliyut 樹的果子，將燒過的木炭、qliyut 還有木灰，用葉子和布包在一起，敷在酸痛的部位，聽老人家說是會好的；肚子痛或拉肚子時，他們會用一種日本人稱 kuhaku（黃皮）的樹，樹皮割下來叫我們吃。那樹皮是很苦的，在深山裡有下雪的地方才有，這種樹是很有價值的，現在是禁止砍伐的樹，我們以前就是用這種樹來治療肚子痛或拉肚子的。（註四）

　　本則是傳統醫藥實例：

（一）傷口用 spriq 塗上，可治癒傷口。

（二）摘 qliyut 樹果子，將燒過的木炭、qliyut 還有木灰，用葉子和布包在一起，敷在酸痛的部位，可治癒酸痛。

（三）kuhaku（黃皮）的皮割下來吃（味苦），可治癒肚子痛或拉肚子。

十、Smapuh 醫療

採錄者：陳溫蕙美、伍惠華
採錄地點：花蓮縣秀林鄉文蘭村
口述者：許有祥

    Smapuh（醫療）的時候先 qmita daran（竹占診斷），好像是觀察的階段，看這種病嚴重或不嚴重，才會用 duan，這是 daran 的用意，在詢問對話的當中，竹子會黏到手指上。以前我看過我的母親做過這個動作，她先這樣，手離開後，竹管黏在手上了。如果掉下來，就必須做醫療（smapuh）。Powda misu 的意思好比說夢見 utux 來找你，靈的附身（ssga bi utux ensaga），這個是說 spuhun misu，biqun misu manu hug，babuy hug？ rudux hug？ 還要講出鬼靈的名字，iya pknrxi ka laqi ni，就是說我送東西給你，不要讓這個小孩生病。以前的 gaya 只要是 sjiyan utux 就都是 smapuh。（就像 utux rudan 來找孩子，就是 bgihur，是冷冷的、冰冰的）pdai misu 也是 smapuh 的意思，生病的意思。（smapuh 是先 smiling daran，知道是哪一個祖靈使人生病，才做 pdaun na da）就是 spuhun nada。utux rudan sdui laqi，spuhun ta da，要詢問是 spuhun rudux？ 還是 spuhun babuy？ 這個過程是屬於 spuhun、smapuh。

    Powda 的意思不一樣，有很多知識在裡面。跟祖靈有關的疾病所做的儀式，整個叫做 smapuh；平安家裡的，獵取野獸是屬於 powda。Qrapun utux 是簡單的語詞，很深的話就是 qrapun bgihur，這是指 utux 的意思。這兩段是一樣的，只是有深淺的分別。Powda 有它的 elug（路線或對象法則），powda kingal sapah、powda musa maduk、powda，在祭

典裡面對祖靈說話的過程是 powda，不是 smapuh。是殺豬還是殺雞，這一段主要還是殺雞，這是因為窮的人不方便，家裡沒有養任何家禽（ungat ka tnbgan），可以用雞卵、剩下沒有煮過的豬肉，這是最簡單的方式，它的意思就是一樣的。這兩種意義分開來：smapuh o smapuh，powda o powda。Smapuh o smapuh mnarux，powda sun o muda psruwa qnnaqih。這是從以前到現在，我們做這個儀式的對象，我們講話、詢問的對象，都是我們自己的祖先。（註五）

本則傳說故事敘述：

（一）進行 Smapuh（醫療）之前，先做 qmita daran（竹占診斷）。

（二）竹占診斷是與祖靈對話。自古以來與祖靈對話，都是與自己的祖先講話和詢問。

（三）與祖靈對話中，竹子會黏到巫醫的手指上，如果掉下來，就必須進行醫療（smapuh）。

（四）進行 smapuh（醫療）是先 smiling daran，要知道是哪一個祖靈使人生病（致病祖靈）。

（五）跟祖靈有關的疾病所做的儀式，叫做 smapuh（醫療）；平安家裡的，獵取野獸是屬於 powda（祈福）。

（六）powda（祈福）是用雞或豬祭祀。

十一、養雞、養豬用為治病祭祀犧牲

採錄者：陳溫蕙美
採錄地點：花蓮縣秀林鄉水源村
口述者：吳阿雲

　　以前生病的時候，沒有醫藥治療，我們是養雞、養豬。生病感冒很嚴重的時候，就會到很遠的地方請會治病的老人，會做這種醫療的人不多，治療的時候要抓雞當作治病的祭品，治病的老人會在那邊講話，這就是來治病的人（miyah smapuh）。做過之後，身體的毛病都會好起來，或者我們的病在那時候剛好自己好起來也不一定。以前的這些事情，我永遠不會忘記，這是我們以前的生活。拉肚子的瘧疾是沒藥醫，那是一定會死的。有些輕的疾病會自己好起來，如果是嚴重的病，那將永遠好不起來。以前的人都會養豬、養雞，養豬是用地瓜葉和地瓜來餵食，養雞是用玉米和小米餵食，以前沒有什麼飼料，都是玉米和小米，小時候是餵小米，長大了餵給牠玉米。以前在山上的房子不是像現在排隊蓋的，都是這裡一間、那裡一間的分散居住，在房子和房子之間都會隔著草叢，家養的雞就會在草叢裡找食物吃。（註七）

　　本傳說要述如下：

（一）以前的人都會養雞和養豬。

（二）雞和豬除了食用之外，也是祭祀用的犧牲。

（三）巫醫要用雞做為治病的祭品。經巫醫診治，據說身體會好起來。

1 | 2　1. 夫妻歡樂對飲
　　　2. 父慈子樂

十二、傳統醫療

採錄者：陳溫蕙美

採錄地點：花蓮縣秀林鄉水源村

口述者：高阿足

　　以前 Truku 的傳統醫療方法，我不是很清楚，這些以前有，像人生病會用竹管來做醫療（sdaran dha），以前在村子裡面有人在做，現在都已經去世了。如果夢到死去的家人或祖先，一定要用傳統醫療的方法（smapuh），現在這些已經沒有了，現在生病就是要找醫生來治療。受傷的治療是用 wahir truwan，那個時候他們用來吹出氣泡，用這個氣泡來治療，溪邊有很多這樣的植物。扭傷（skriqi）是用 lakyat，他們用布包起來。瀉痢、肚子痛，我不清楚，有些人是吃飛鼠的腸胃。他們也會用釀酒的小糯米（nbaqu）貼在痛的地方，他們說會好起來。牙齒的治療：痛的時候不拔，不痛的時候，他們用鉗子拔去壞掉的牙齒。（註七）

　　本則要述如下：

（一）竹管醫療（sdaran dha）及竹占。

（二）如果夢到死去的家人或祖先，一定要用傳統醫療的方法 smapuh（醫療診治）

（三）用 wahir truwan 植物可治傷口，用 wahir truwan 吹出氣泡，用這個氣泡來治療受傷。

（四）扭傷是用 lakyat 治療，把 lakyat 用布包起來敷於傷處。

（五）飛鼠的腸胃，傳說可以治瀉痢、肚子痛。

（六）釀酒的小糯米（nbaqu）也可以貼在疼痛處。

十三、傳統醫療

採錄者：陳溫蕙美
採錄地點：花蓮縣秀林鄉佳民村
口述者：林玉維

　　族人的傳統醫療，治病的醫療者會用線牽住病人和雞（ulan rudux），他們說那是鬼魂附身的病 utux ka tmlung（碰觸），殺雞後就會 sndaran（用竹管做醫療儀式）。有一種嘴唇乾裂受傷的治療方法，我是用 sungut（山豆）治療，我到現在還是用這種方式醫治我自己。打碎（tkanun）之後敷上傷口，很快就好起來。還有那種身上的 esil（爛瘡、疔子），就用圍牆旁邊的草花（手指的方向，phpah），把它的的葉子摘下來槌打（tcingun ta），然後把它敷在傷口上，如果是剛長出來的疔子就會萎縮（mpiyut，即痊癒之意）；如果是已經紅腫的疔子，敷上去之後，紅腫的地方就會很快裂開出膿，裡面的爛瘡就會黏附在敷上去的

草藥上，這是做圍籬的植物。腹瀉拉肚子的草藥是什麼？……有一種最有效的是飛鼠的腸胃，還有蕃石榴的嫩葉，這些都是治腸胃不舒服的食物，這是我吃的草藥，很有治療的效果。在山上可以消炎的木頭是「kuhaku」，像這種木頭，我們是用它的樹皮來做消炎的藥草。可是這種樹不能隨便拿下來，如果被抓到是要坐牢的。這種樹的樹幹很粗大，在山上很多，南投那邊也有，太平山也有，這種樹不能砍，它是屬於保育類植物，如果林務局看到就會馬上抓。(註八)

　　本則故事要述如下：

(一) 鬼魂附身，巫醫會用線牽住病人和雞，殺雞後就會 sndaran（用竹管做醫療儀式）。

(二) 嘴唇乾裂受傷，用 sungut（山豆）治療，打碎之後敷上傷口，很快就好起來。

(三) 爛瘡、疔子，用圍牆的草花（一種圍籬植物）槌打，敷於傷口，剛長出來的疔子就會萎縮（即痊癒）；如果是已經紅腫的疔子，敷上去之後，紅腫的地方就會很快裂開出膿，裡面的爛瘡就會黏附在敷上去的草藥上。

(四) 飛鼠的腸胃和蕃石榴的嫩葉是治腸胃不適的食物

(五)「kuhaku」是消炎的木頭，用它的樹皮來做消炎的藥草。

十四、受傷的醫療

採錄者：陳溫蕙美

採錄地點：花蓮縣秀林鄉佳民村

口述者：游春美

．．

　　以前在山上的時候，受傷時，老人家會用 spriq（一種草），還有 pungu huling（一種藤蔓）敷在傷口上，煙草曬乾切成絲也是可以敷在傷口上的。（註九）

　　本則敘述：
（一）spriq（一種草）敷在傷口上可治癒。
（二）pungu huling（一種藤蔓）敷在傷口上可治癒。
（三）曬乾的煙草切成絲也可以治傷。

十五、巫醫治病與受傷的草藥

口述者：黃櫻花

．．

　　想到以前 Truku 有自己的醫病方法，我看過他們是用小米做醫療，……用小米在身上 kat！kat！kat！他們這時候也會講話，如果是祖靈有反應竹占就會黏住，沒有靈魂（祖靈）的時候會滑離（sdhriq）。那是對祖靈講的話，講話的意思如下：你們是哪一個讓這個人生病？叫出過世者的人名。如果是其中一個祖先造成的疾病，竹管會黏住。然後會問致病的祖先要什麼，是雞、雞蛋還是豬。……藥用的植物有用有骨消（layat）的葉子，把葉子打碎之後加上木灰敷在傷口的地方，敷起來很有效果，那是以前沒有西醫時候的醫治方法。還有木本植物的藥草，有李樹（busuq）、芭樂樹（qlupas），還有櫻樹的果子。（註十）

　　太魯閣族人認為族人致病的原因是祖靈降禍的，所以巫醫治病是要與祖靈溝通的，才能治好患病者的病痛。本則要述如下：

(一)竹占醫病，竹是法器，是巫醫與祖靈溝通的橋樑。

(二)巫醫要把祖靈們一一點名，如果是某祖靈致病的，竹就會黏在巫醫的手上。

(三)找到致病的祖靈，巫醫就開始與這位祖靈溝通與對話，希望祂離開病人，解除降禍。

(四)巫醫與祖靈溝通需要什麼祭品，例如：雞或豬。

(五)冇骨消（layat）的葉子打碎之後加上木灰敷在傷口，可治癒受傷患處。

十六、殺雞祭祀鬼神治病

採錄者：Tunux Wasi 等

採錄地點：花蓮縣秀林鄉佳民村

口述者：盧阿雪

　　我媽媽以前在山上時，生病會用祭祀的方式治病，以前生病的時候都用牲畜，然後嘴巴一直念族語，我忘記他在念什麼了，我的媽媽有時用豬有時用雞，在祈禱的時候是沒有閉眼睛的，準備要殺的時候嘴巴會念一些祭辭，告訴那些鬼神說我們要殺動物了。（註十一）

　　本則敘述治病用犧牲祭祀，例如：殺雞。要殺雞的時候還要念咒祭辭，告訴鬼神我們殺雞祭祀，請讓病患者恢復身體健康。

十七、殺豬治病

採錄者：陳溫蕙美、伍惠華

採錄地點：花蓮縣秀林鄉景美村

口述者：田秋蘭

....

　　以前的人生病要給醫病的巫師（msapuh）看，……醫病的巫師是通靈，手裡拿著竹占（daran）向神明 smiling（詢問），說是要殺豬還是要殺雞，豬必須是大的，而且還要帶獠牙，由生病的家屬提供，殺了以後，有一半是給醫病的巫師帶回去，剩下的一份要分給醫療者（口述說是老闆娘），不只是這樣，家屬還要給她東西，不是給錢，這有點像是現在講的紅包，肉是另外，還要給她東西。所以醫病的巫師有很多好處。……以前的 Truku 對於草藥知道的不多，只有颱風草（kdang），那是治療感冒的藥，……有骨消（layat），像是碰到胃痛，用 layat 葉包炭灰在胃部敲打，他們說可以止痛；身體筋肉痛的時候，有一種芒草（bhngil）和水（qsiya）攪和起來，聽說也很有效果。（註十二）

　　本則故事要述如下：

（一）巫醫治病要竹占詢問神明要殺豬還是殺雞祭祀祂。

（二）殺豬必須是有帶獠牙的大豬。

（三）醫病完畢，有一半是要給巫醫帶回去的，另一半是家屬留食。

（四）巫醫獲得的酬禮不只是這樣，家屬還要給他東西。

（五）颱風草是治療感冒的藥。

（六）有骨消（layat）可治胃痛，用 layat 葉包炭灰在胃部敲打，據說可以

止痛。

(七)身體筋肉痛，有一種芒草（bhngil）和水（qsiya）攪和起來，據說也
　　很有效果。

十八、治受傷和牙痛

採錄者：陳溫蕙美、伍惠華
採錄地點：花蓮縣秀林鄉景美村
口述者：林守道

　　部落裡面有醫病的巫師（msapuh）。如果是大腿受傷的情況，他們
會拿冇骨消（layat）跟炭灰和在一起，用布包起來，然後揉敷在受傷的
地方。……吃的藥草也有，……有一種 paras（不會刺人的一種），可以
拿來治牙齒的痛，把浸過熱水的葉子用布包起來，塞到疼痛的嘴裡，把
熱氣堵在裡面，這是我母親治牙齒痛的方法。我自己想一想這種治療的
方法，只是其中一種，我的母親從我嘴裡拿出那一包葉子的時候，還告
訴我牙痛的蟲已經死在葉子上了，牙齒也確實已經不痛了，因為是被塞
進去的熱氣燻到牙齒不會痛了。其他治療的藥草像是 pungu huling（葛
藤）流的汁液，以前老人抽的煙也可以當藥草；黃樹皮在天祥、合流那
一帶還有，可以當中藥草材料。（註十三）

　　本則傳說故事敘述如下：

(一)冇骨消（layat）跟炭灰和在一起，用布包起來，然後揉敷在受傷的
　　地方。

（二）paras（不會刺人的那一種），可以治牙齒的痛。

（三）paras 治牙痛是「把浸過熱水的葉子用布包起來，塞到疼痛的嘴裡，把熱氣堵在裡面」，即可減除疼痛。

十九、葛藤的醫療效用

採錄者：陳溫蕙美、伍惠華

採錄地點：花蓮縣秀林鄉景美村

口述者：陳傳送

　　過去的祖先是沒有醫生可以治病的，如果上山受傷他們會用山上的植物做治療，像是葛藤（pungu huling）類似藤蔓（wahir），砍下來，用嘴吹就會有白色的汁流出來，塗在傷口上，爛瘡、刀傷、割傷都是用這種方法治療。我在山上的時候，有很多種草藥，我都知道，我不知道要怎麼說出這些草藥的名稱，山上是有很多的。smapuh（傳統醫療），是用小豬或雞，家中一定要養這些家畜，可以用來 smapuh，這樣病才會好。（註十四）

　　本則敘述葛藤可以治很多種疾病，例如：爛瘡、刀傷、割傷等。把葛藤砍下來，用嘴吹就會有白色的汁液流出來，塗在傷口上，據說療效很好。

二十、牙痛的醫療

採錄者：陳溫蕙美

採錄地點：花蓮縣秀林鄉景美村

口述者：高翠菊

....

受傷是用木頭的汁液塗在傷口上，拉肚子和其他疾病是用小米、豬來做治療；還有一種是用木炭治病。牙齒痛的時候是用 paras 的葉子，煮熟之後，放到牙齒裡面，蛀蟲就會跑出來。手扭傷是用幾種木頭的樹皮來做醫療。（註十五）

本則敘述牙齒痛的治療，用煮熟的 paras 葉子，放入牙齒裡面，蛀蟲就會跑出來，牙齒就不痛了。

二一、殺豬給祖靈吃

採錄者：Tunux Wasi

採錄地點：花蓮縣秀林鄉秀林村

口述者：林玉英

....

我媽媽以前常在 Smapuh（傳統醫療），她殺了一隻豬然後切了很多小塊的肉，尾巴、肝臟等很多很多，然後用葉子包起來，念念有詞之後，就把這些肉分丟出去給周遭的祖靈吃，那時候我覺得很奇怪，我媽媽為什麼要這麼做，我問我媽媽說：「你在幹嘛？」我媽媽回應我說：

「你懂什麼？」她只要殺動物的時候都會 Smapuh，每次我問她的時候，都不會告訴我，而且要我不要講，那個時候大概十歲。(註十六)

本則是口述者的媽媽常做 Smapuh（傳統醫療），她用犧牲祭祀祖靈。殺了豬切了些小塊肉，尾巴、肝臟也都切一些，用葉子包起來，念咒禱詞，把肉分丟出去給周遭的祖靈吃。

二二、殺雞 smapuh

採錄者：陳溫蕙美
採錄時間：2008 年 6 月 25 日
採錄地點：花蓮縣秀林鄉富世村
口述者：秦阿月

以前老人家住在山上的部落是沒有醫生的，他們都是 smapuh，用雞或豬來 smapuh，他們都是用這樣的方法治病。我看過他們在 smapuh 的儀式，他們會拿 mabaw，將雞的頭到腳每一個部位都切一點包在 mabaw 裡面擺好，就開始祈禱說話了，過去他們是這樣治病的。(註十七)

本則故事敘述 smapuh（醫病儀式），將雞的頭到腳每一個部位都切一點包裹在 mabaw 裡，即進行 smapuh 儀式。

二三、犧牲祭祀治病

採錄者：陳溫蕙美

採錄時間：2008年6月6日

採錄地點：花蓮縣秀林鄉富世村

口述者：陳毛治

以前的 smapuh 是治療身體疾病，我的母親有做過，她是用竹管來治療，就是用 daran，黏在手上就可以知道疾病的來源，如果是鬆脫的情況就不是他造成的；如果在醫療的時候，竹管黏的很緊，我的母親甚至還會殺豬。這是我以前看到的情況，以前殺的豬並不大。他們用來治療的動物很多，也會去買平地人的鴨子來做治療，鴨子是到新城（Alang paru）買來。（註十八）

本則敘述以前的 smapuh 醫療治病儀式，竹占的竹管黏在巫醫的手上很緊，就要殺豬祭祀。鴨子也是可以作為祭祀的犧牲。

二四、瘧疾

採錄者：田貴芳、鍾正華、楊素美、林美蓮

採錄時間：2003年3月22日

採錄地點：花蓮縣秀林鄉景美村

口述者：林守道

民國 25 年左右，我們 Qowgan 部落（加灣部落）裡 marariya（瘧疾）橫行，死了許多族人，那時候我們部落族人，每天都會到部落所挖的地下水提水，日本語稱 tamarimij（意為從地下挖出的水）。我想可能是水質問題，族人個個皮膚變黃、肚子腫脹，沒有多久就病死了，當時許多族人因此而搬家，住在這裡的人也不到那裡提水。說到以前如果生病，沒有藥可治病，都是靠巫醫治病，我們 Seejiq Truku 稱為 smapuh（意即醫療治病）。我看過有位族人的腿部因為不知名的疾病，導致無法正常走路，部落裡的巫醫用 layat（有骨消，醫療用植物）及木炭，嘴裡念念有詞的跟祖靈祈求。就這樣持續不到一小時的時間，那位族人竟然神奇的痊癒了。(註十九)

本則故事要述如下：

(一)秀林鄉景美村加灣部落曾經發生過嚴重的瘧疾流行病。

(二)報導者林守道認為是地下飲用水的水質出了問題。

(三)飲用那裡的水，族人個個皮膚變黃、肚子腫脹，沒過多久就病死了。

(四)當時沒有藥可以治好瘧疾，都是靠巫醫治病。

(五)有一位腿部有疾的族人，被巫醫施術，神奇的痊癒了。

二五、巫醫竹占治病

採錄者：田貴芳、鍾正華、楊素美、林美蓮、妮娜、尹影

採錄時間：2003年3月24日

採錄地點：花蓮縣秀林鄉文蘭村

口述者：艾海寶

　　以前我們 Seejiq Truku 的 gaya 中，生病是沒有藥可以吃，完全是以巫術用 daran（竹占療具）醫病。巫醫的治病方式是一隻手拿著 daran，一隻手用拇指及食指夾著 daran 來回搓著，口中念誦祭詞。如果 daran 經過巫醫念誦祭詞後，手指黏附在 daran 上，表示巫醫詢問的問題答案是肯定的；相反地，手指不黏附在 daran 上，則表示答案是否定的。例如：巫醫詢問其病是否會痊癒，黏附在 daran 上表示會好，不黏附表示不會好。要祭拜祖靈也要詢問巫師祖靈需要什麼祭品來祭拜。（註二十）

　　本則敘述巫醫竹占治病的方法：

(一)巫醫一隻手拿著 daran，一隻手用拇指及食指夾著 daran 來回搓著，口中念誦祭詞。

(二)手指黏附在 daran 上，表示會好，手指不黏附在 daran 上，表示不會好。

(三)巫醫治病要詢問巫師祖靈需要什麼祭品來祭拜，二隻或四隻腳的。

二六、太魯閣族的草藥

採錄者：陳溫蕙美、伍惠華

採錄地點：文蘭村

口述者：許有祥

....

　　關於頭痛、疲勞、嘴唇乾裂潰爛的疾病，是用山上的 pungu huling（葛藤），將較粗的莖部砍下打碎，塗抹於疼痛或受傷部位，塗抹時要念咒語。關節的毛病是用 layat（蕲霍）的葉子，把葉子打開，放入滾熱的火灰，用布包起來，留手握的一段，點敷於患部，點敷的時候，對患者的祖靈念咒語。有些治療用的植物，只有在高山上才有，像治療拉肚子的「黃皮樹」，搗碎成汁液服用，很有效的。藥用植物的使用，大部分是在山區受傷或生病的時候，所做的緊急醫療。進一步的瞭解病源或更嚴重的疾病，仍然需要以 sndaran smapuh，gaya utux rudan（用竹占醫療，祖靈的規範）。mangal qnselan 的意思是說 powda ta mha maduk sayan hiya，這是很大的事情，Mangal ta qnselan han，就是用豬或雞取一些 qnselan 給祖靈（utux rudan）。上一次這裡做的是說：qhdun ta ka mnnarux ban，醫療疾病的殺豬和殺雞（牲祭儀式），就是取 qnselan，我們不能先吃。燒毛、取下 qnselan，做的時候有一定的過程，不是隨便收下來的，都是 quri nart（右邊）的部位。這一點很重要，不能隨便的就把什麼都取下來做。（註二一）

　　本則要述如下：

（一）頭痛、疲勞、嘴唇乾裂潰爛的疾病，用葛藤塗抹於疼痛或受傷部位。

（二）關節疾患用 layat（萌霍）的葉子，放入滾熱的火灰，用布包起來，點敷於患部。

（三）治療拉肚子用黃皮樹，搗碎成汁液服用。

（四）竹占醫療，用豬或雞牲祭儀式。

（五）用豬或雞取一些給祖靈，要取右邊。

註釋

註一：瑂瑂・瑪紹〈東賽德克巫醫的孫女〉，《市民講座（三十三）》，台北市立社會教育館，2003年11月，頁48-49。

註二：同註一。

註三：王玫瑰總編輯《移動的記憶（四）：太魯閣族部落史及家鄉資源調查成果冊》，花蓮秀林鄉公所，2015年12月，頁49。

註四：同註三，頁52。

註五：王玫瑰總編輯《移動的記憶（二）：太魯閣族部落史及家鄉資源調查成果冊》，花蓮秀林鄉公所，2015年12月，頁85-86。

註六：同註五，頁110。

註七：同註五，頁116。

註八：王玫瑰總編輯《移動的記憶（三）：太魯閣族部落史及家鄉資源調查成果冊》，花蓮秀林鄉公所，2015年12月，頁24。

註九：同註八，頁33。

註十：同註八，頁35-36。

註十一：同註八，頁38。

註十二：同註八，頁62。

註十三：同註八，頁66-67。

註十四：同註八，頁68。

註十五：同註八，頁70。

註十六：同註八，頁100。

註十七：同註三，頁55。

註十八：同註三，頁45。

註十九：田貴芳《太魯閣人：耆老百年回憶──男性篇》，台北，翰蘆圖書出版公司，2014年10月，頁156。

註二十：同註十九，頁191-192。

註二一：同註五，頁86。

太魯閣族紋面的故事

第十五章

胡傳《台東州採訪冊》提到太魯閣族的紋面習俗：「後山南路各族，男女皆不刺面。惟中路阿眉男子，兩耳下垂處，皆扯長穿空（圓徑寸許），以圓錫鏤花紋嵌入，或上插羽毛及小紅綠絨球，以為美觀；俗謂之大耳番。北路惟木瓜群男女，皆於額中至印堂刺直紋一條；男或二、三條或刺橫紋半寸許，如《易經》畫卦之式二十餘橫。女既有夫，自兩頰至地閣，均徧刺橫紋青黑色，大鹵閣族亦然。」(註一)

一、紋面是堅忍的意志

採錄者：田哲益
採錄時間：2019年10月3日
採錄地點：花蓮縣秀林鄉水源部落
口述者：賴金枝（82歲），太魯閣群

....

過去太魯閣族人都要紋面，這種習俗從古代就已經有了。族人認為女性紋面才是美麗的象徵，男人紋面才是真男人。接受紋面施術，必須要有很大的勇氣，因為用針刺非常痛苦，而且有一個禮拜的時間不能夠開口吃飯。日本人統治太魯閣族人之後，認為紋面是殘忍的習俗，就全部把刺紋的工具沒收，也禁止族人再紋面，紋面習俗從此就斷絕消失了。

「紋面」是太魯閣族人自古以來的習俗，紋面關乎審美的意識，也是一種堅忍和勇氣的表現。

二、紋面的條件

採錄者：田哲益

採錄時間：2019年10月3日

採錄地點：花蓮縣秀林鄉水源部落

口述者：賴天文（62歲），太魯閣群

....

　　我的祖母一百零二歲時才過世，她很擅長織布，所以有紋面。太魯閣族人很尊重會織布的女人，因為她擔起了全家人冷暖溫適的責任，所以擅長織布的女人才可以紋頰紋。男人紋頤紋也有必要的條件，例如：擅長狩獵、護家衛社，甚至是獵過敵人的首級，才可以紋頤紋。紋面是太魯閣族人自古以來的傳統習俗，日本統治時，日本人認為是殘忍的儀式，就全面沒收紋面師的紋面工具，嚴格禁止紋面，自此，傳承了數千年來的習俗文化消失了，徹底被瓦解了。

　　本則是太魯閣族「紋面」條件的敘述。太魯閣族紋「額紋」是每個人都必須要「紋」的，這是族群的標誌。擅長織布的女人才可以再紋「頰紋」。男人要擅長狩獵、護家衛社，甚至是獵過敵人的首級，才可以再紋「頤紋」（下巴的直紋）。

　　太魯閣族人的織布技藝在台灣原住民族中是非常精湛的，唯有織布精湛的女子才可紋「頰紋」。

　　織布在太魯閣族的傳統裡，是女子婚前必備的才藝本領，織布原料來自苧麻，整個製作過程非常繁瑣，概分為：

（一）採麻抽絲：把已成熟的苧麻砍下剝皮抽出裡面的絲。

(二)理絲紡線：把麻絲線連起來製成長麻線。

(三)連線紡球：理出來的長麻線弄成一團一團的。

(四)接球紡團：把麻線一一解線球運絲成線球備用。

(五)灰煮淋曬：將線團混合木灰水煮1-3小時，使成軟線並漂白，再以
清水洗淨後上架日曬雨淋一個月以上，越久越白。

(六)理團紡帶：解團線條理上架成環形，於本架上配色。

(七)套帶織布：繞好的線取出後換上織布機的配件，開始織。(註二)

三、紋面習俗的由來

　　世界上最早出現的兩個人，隨著時間過去，日漸長大成人，但一直沒有其他的人類出現。妹妹很擔心再這樣下去就無法有新的人類出生，於是決定要和哥哥結婚，但是又怕被哥哥認出來而不願意，她想到用黑炭灰塗在臉上，哥哥就認不出是她。有一天妹妹告訴哥哥有一位女孩子在天黑的時候會在山洞等他，她便是未來的新娘，於是妹妹趁哥哥去打獵時，趕快燒樹枝做成木炭，又磨成炭灰塗畫在前額與兩頰，讓哥哥認不出她。天黑了，哥哥果然來到山洞，看到他的新娘。兩人就結婚，並且生下許多孩子，從此大地上開始繁衍子嗣。

　　本則故事要述如下：

(一)遠古時代只有兄妹兩個人，世界上再無人類了。

(二)兄妹兩個人逐漸長大成人，到了結婚的年齡。

(三)妹妹很擔心人類將無法繼續繁衍下去。

(四)妹妹想到要用黑炭灰塗畫在臉上，讓哥哥認不出是她。

（五）有一天，妹妹就騙哥哥說有一位女孩子在天黑時會在山洞裡等候他，她便是你未來的妻子。

（六）妹妹趁著哥哥打獵的時候，趕快燒樹枝做成木炭，磨成炭灰塗畫在前額與兩頰。

（七）到了晚上，哥哥果然真的來到山洞了，看到了山洞裡有一位女子。

（八）哥哥不知道這位女子就是他的妹妹變妝的。

（九）於是他們成親了，生下了許多孩子。

（十）後代們也繁衍了越來越多的子孫。

四、刺額紋的時機

採錄者：田哲益

採錄時間：2019年10月4日

採錄地點：花蓮縣秀林鄉富世村可樂部落

口述者：詹秋貴（70歲），太魯閣群

太魯閣族人刺「額紋」的時機，大概是七、八歲的時候，這個年紀的臉型大致已經定型，所以就可以刺額紋了。額紋是族群的標誌，尤其是在出草的時代，額紋是太魯閣族群的識別標誌，沒有刺額紋，就會被誤為敵族而被出草獵取人頭；有刺額紋，表示接受了祖靈的遺訓，死後才會被祖靈接納，否則淪為孤魂野鬼。

按太魯閣族紋面：男子紋「額紋」和「頤紋」；女子紋「額紋」和「頰紋」。男子刺「頤紋」和女子刺「頰紋」，是經過認定有成就的人才

能行使的。

本則故事謂：

（一）太魯閣族人約七、八歲的時候就要刺「額紋」。

（二）額紋是太魯閣族群的標誌。

（三）出草時代如果沒有刺紋會被誤認為是敵族而被馘首獵取人頭，所以刺額紋也是保障自身安全的標誌。

（四）有刺額紋標誌的族人才能通過彩虹橋，到達祖靈居地與祖先相聚。

五、紋面與審美

採錄者：田哲益

採錄時間：2019 年 10 月 4 日

採錄地點：花蓮縣秀林鄉富世村可樂部落

口述者：詹秋貴（70 歲），太魯閣群

太魯閣族女人紋面關乎審美的意識，據說有紋面的女子，老了以後，就不會有很多皺紋。女人是愛美的動物，雖然女人紋面非常痛苦，但是女人都很樂意接受痛苦的挑戰。

本則敘述太魯閣族女人紋面也是「美麗」的追求和嚮往，他們認為「紋面的女人最美」，而且傳說有紋面的女子，老了以後，就不會有很多皺紋。所以女人都很樂意接受刺紋痛苦的挑戰。

六、紋面師的贈禮報酬

採錄者：田哲益
採錄時間：2019年10月4日
採錄地點：花蓮縣秀林鄉富世村可樂部落
口述者：詹秋貴（70歲），太魯閣群

　　古代的紋面師其實是很忙的，傳說都達群有一位紋面師很有名，她很少在家裡，孩子都是由丈夫照顧。這個部落紋面了一個，又要到另一個部落去幫人紋面，紋面師幫人紋面施術是要給她報酬的，受術者的家會贈送她雞、鴨、獸肉、布疋等，以前還沒有錢幣，日本時代才開始漸漸使用幣值交易。

　　本則故事敘述要請紋面師施術是要給酬報的，酬報的內容有贈送紋面師雞、鴨、獸肉、布疋等。

七、紋面傳宗接代

資料來源：田貴實〈彩虹消失前的傳説〉

　　關於紋面，最廣泛流傳的傳說是：在遠古時代，山裡有一塊巨石，一天，巨石突然崩裂，出來了一男一女，在荒野宙際間，只有這一對姐弟，沒有其他人類。姐姐為了繁殖人類，傳宗接代，便建議與弟弟結婚，弟弟卻斷然拒絕，認為姐弟不能結婚。姐姐沒辦法，便想出一個

主意,她騙弟弟說:「明天下午,有一個女人在山下的一個洞裡等你,那就是你未來的妻子,你可以和她結婚。」弟弟信以為真,興高采烈地等候隔天下午的到來。第二天下午,姐姐用黑炭塗抹在臉頰上,喬裝成另一個女人,到山洞裡與弟弟成婚,族群也就這樣傳衍了下來。這個傳說敘述著紋面的由來,但是,真實傳統裡的太魯閣族人,是嚴禁兄弟姐妹結婚的,任何近親結婚的行為都被視為亂倫,將受到祖靈嚴屬的懲罰。(註三)

　　本則傳說故事要述如下:

(一)遠古沒有人類,只有姐弟兩個人而已。

(二)這一對姐弟是從一塊巨石生出的。有一天,巨石突然迸裂,出來了一男一女,這就是人類最初的始祖。

(三)姐姐為了繼續繁殖人類,便建議與弟弟成婚,卻遭弟弟斷然拒絕,認為姐弟不能結婚。

(四)姐姐想出一個辦法騙弟弟說:「明天下午,有一個女人在山下的一個洞裡等你,那就是你未來的妻子,你可以和她結婚。」

(五)弟弟信以為真,急著等待次日下午的來到。

(六)姐姐用黑炭塗抹在臉頰上,喬裝成另一個女人。

(七)弟弟不察,與之成親了,族群也就這樣傳衍了下來。

八、紋面的故事

採錄者:田貴芳

採錄時間:2003年2月28日

採錄地點：花蓮縣秀林鄉和平村

口述者：林梓里

　　我現在談談我臉上的紋面，那時我大概 5 歲，日本人禁止我們紋面，我也怕紋面，因為那是很痛的經驗，但因要行我們 Truku 的習俗（gaya），父母親在我強烈的反抗下，強帶我到山區紋面，我看到紋我之人 Reibix Yabung（莉比荷普恩），手拿著滿刺如同梳子的工具及木槌，就這樣臉上多出了我們 Truku 的文化（紋面）。我在刺紋時，足足待在山區一天又一夜，因為怕被日本人發現。之後的幾天，臉上開始像球一樣的浮腫（發炎），不但痛且連我也看不出鏡子的人是誰？（註四）

　　本則敘述報導者接受紋面施術時的痛苦與掙扎。當時是偷偷摸摸到山上接受紋面施術，因為怕被日本人發現而禁止。

九、紋面遭日人消除

採錄者：田貴芳

採錄時間：2003 年 3 月 12 日

採錄地點：花蓮縣秀林鄉崇德村

口述者：張清香

　　在我 6 歲時，按照我們 Sejiq Truku 的習俗（gaya），接受紋面，紋我面的族人來自 Skadan（斯卡噹）部落，名為 Robiq Telon（羅比克得隆）的婦人。但在我 16 歲那年，日本人強迫我把紋面削去，用刀在我臉

上一皮一肉的削去，真的非常痛，現在臉上只剩歷史紋面的疤痕，不單只有我，部落有紋面幾乎都一樣的削去。現在的 Takiri（崇德）村再也沒有看到有紋面的老人。（註五）

日治時，日本人嚴禁泛泰雅族（泰雅、太魯閣、賽德克族等）紋面，強迫當時的六大頭目蓋下手印，宣誓廢除紋面習俗，成為泛泰雅族民族史上最屈辱的一頁。為了保存紋面習俗，族人開始與日本人展開長期的流血抗爭，直到二十年後，才完全停止紋面。

日本政府禁止紋面，軟硬兼施叫他們到衛生所去動手術削除掉，那個年代是沒有麻醉的，所以非常疼痛，其後就會留下一個明顯的削除疤痕，你不刮除的話，工作權、福利權這些都會沒有。日本人禁止太魯閣族人紋面，也禁止泰雅、賽德克等民族紋面。但是實在令人想不透，日本人的紋身大概是人類身體裝飾中最動人的造形藝術吧！每一根筋肉的運動都能使刺青的圖形活神活現，栩栩如生。禁止太魯閣族人紋面，大概只是一種權力慾望的殘酷展現吧！

紋面文化大師田貴實說：「統治者自以為自己的文化最了不起，事實上文明人倒有太多荒謬之處，平時或許看不出來，只要去田野調查，就昭然若揭了。」（註六）

紋面刺青是太魯閣族比較特異的習俗，也就是在人體紋身，尤其是在臉上刺青。……本族男子於成年之際，就必須在額上刺青，也是「成人」的標誌，最老的規定必須獵獲人頭後或參加獵人頭隊的人，才有資格刺。女的須學會紡織，同樣在額頭上刺青，出嫁時，更要有其面頰到嘴角之間刺青成「V」字形，但日本統治台灣時限制族人不可再刺青。也許它已不再被視為一種美麗符號，但它永遠都象徵生命特質與莊

嚴標記。（註七）

太魯閣族紋面習俗，女孩約 5 歲左右先完成第一道額頭紋面部分，15 歲左右再繼續臉頰刺青，如此才算完成生命禮俗，也正式脫離不必負擔社會責任的兒童期。日本政府用愚民政策來對待太魯閣族人，視紋面為未開化的表徵，並於西元 1913 年通令全台泛泰雅族（泰雅族、賽德克族、太魯閣族）部落全面禁止紋面，違者送官府究辦。如額頭上只有一道刺青，便鼓動家長帶孩子到衛生所動手術去除。（註八）

紋面的習俗在日治時期被視為陋俗，嚴加禁止，甚至連紋面的工具木盤、木槌、刺刷、刺針、竹片全部沒收，造成紋面習俗的中斷。無情文明的衝擊，紋面藝術逐漸沒落、遺忘。如今，年輕一代的原住民已不再承續這樣的傳統習俗，而老一輩紋面老人則漸漸老死，回到彩虹的故鄉。下一代，甚至不知道自己的祖先，留在臉頰上的美麗紋路，是「榮譽與責任」的象徵。（註九）

紋面研究大師說：「將來有人評論原住民的紋面藝術時，能以客觀的心態看待原住民祖先的榮耀，尊重不同族群的生命展現，讓台灣社會開展出多元的文化藝術。」

十、紋面遭日人消除

採錄者：田貴芳、鍾正華、楊素美

採錄時間：2003 年 3 月 10 日

採錄地點：花蓮縣秀林鄉水源村

口述者：仲金生

我在 13 歲的時候，依照我們 Truku 的習俗（gaya），在臉上刺刻了代表我們 Truku 族群的紋路，在我臉上刺刻紋路的是 Teuda（德烏達）部族名為 Pitay Lukung（比代‧魯恭）的婦女。在臉上紋面可說是很痛苦的事，絕對不是拿紙貼在臉上那樣輕鬆，在臉上刺刻要經過一天的時間才能完成，再經過十天左右的發炎、腫脹、休養，到了最後階段就是傷口癒合的拆布過程。沒有紋面的人是沒有辦法體會到其中的辛酸痛苦。……在 22 歲那年，我臉上的紋面被日本人強迫削去了。臉上的紋面削去時，時間上不像刺刻紋面時那樣久，但剝除過程中的痛苦則是一樣的。日本人用針施打在我們臉上，那不是麻醉，然後再用刀鋒一片一片的削去，直到臉上的紋路看不見為止，過程非常痛苦。（註十）

本則是報導者仲金生敘述其在 13 歲時紋面痛苦的過程，又在 22 歲時，臉上的紋面被日本人強迫削去，當時並沒有麻醉藥，又再次歷經剝除的痛苦。

十一、紋面的形式

傳統太魯閣族男人在上額和下巴刺青，女人則刺於兩頰和上額。（註十一）

太魯閣族紋面的形式男女有別。男：前額及下顎中央刺縱帶紋一至數條。女：前額中央刺縱帶紋三至五條，或以中央縱帶一條至三條的兩側作短帶平行橫紋。全紋構成十字形或兩頰自耳根至兩唇中央，斜刺帶紋兩條，交於兩唇中央至下顎上部。

　　世界級紋面文化大師田貴實說：「太魯閣族和賽德克族的紋面線條比較寬，甚至於是 U 字型的。泰雅族的紋面線條比較窄，呈 V 字型。」（註十二）

十二、紋面的顏料與男女紋面的意義

採錄者：台灣原住民季刊
採錄地點：花蓮縣秀林鄉富世村可樂部落
口述者：田貴實

　　紋面一般最主要的材料是鍋的灰（鍋灰）。鍋灰是黑色，為什麼它會變成藍色呢？像地瓜葉也可以，有葉綠素的都可以，摻和起來就變成深藍色了。顏料沒有任何一個是有化學的，完全是天然的植物。通常都是在冬天或者秋天的時候實施的，因為那樣的一個天氣比較涼，而且不太容易會發炎。一般女孩子來講，差不多刺青以後好幾個禮拜都不能出門，而且臉上腫腫的，根本就沒有辦法吃東西，只能夠喝流質的東西呀！男孩子是比較簡單，就是額頭上跟下巴下面。還有一點，一般呢，就是問我一個問題，男孩子的刺紋為什麼會那麼少，女孩子的刺紋為什麼會那麼大？憑良心講，到目前的研究報告一直都沒有，但是我這邊已經有了。主要的意義，一般在太魯閣族來講，部落女人的責任比男人更大，通常我們一般在農耕時期，男女都一起耕田，到休閒的時候，男孩子就賴皮了。帶著孩子到深山去狩獵，三天兩天一個禮拜才下山一次，那是休閒期呀！一般男人喜歡跑到山上；但是女孩子就不一樣了，女孩子她要負擔整個家裡包括織布、帶孩子、養雞、養鴨、養

豬，所以她的責任非常大，臉上的刺紋也就特別的大。（註十三）

(一) 紋面一般的材料是鍋灰。地瓜葉汁也可以，有葉綠素的都可以。

(二) 紋面的時期，多在秋天或冬天施術，因為氣候比較涼些，發炎比較不會像熱天那樣嚴重。

(三) 女子紋頰紋，施術後臉上腫腫的無法吃東西，只能喝流質的食物。

(四) 女子紋頰紋，在臉上施術的面積比男子的大許多，田貴實認為除了是審美的意義外，女子的家庭責任也比較大，所以紋的面積就多。

日治時期太魯閣族美女紋面

日治時期太魯閣族美女紋面

十三、紋面的資格

以前太魯閣族人有紋面（Patasan）的習俗。女孩子如果沒有紋面是嫁不出去的，男孩子如果沒有紋面就娶不到妻子。紋面是太魯閣族成人重要的標記。不過，要得到紋面的資格也不容易，女生必須學會織布，男孩子必須學會打獵，而且獵到人頭，才能紋面。「紋面」是太魯閣族最具代表性的的傳統文化特色，如今已不再沿襲。

「紋面」是太魯閣族最具代表性的的傳統文化特色，有紋面才是真

正的太魯閣族人：

（一）女孩子沒有紋面會嫁不出去的，男孩子沒有紋面就娶不到妻子。

（二）女子必須學會織布才能紋頰紋。

（三）男子必須學會打獵，甚至獵過敵首，才能紋頤紋。

十四、紋面的社會功能與意義

太魯閣族紋面的社會功能與意義：

（一）紋面是部落社會中莊嚴的儀式和規範。

（二）是避邪氣的意義：紋面可以驅逐邪魔，並在死後可和已死親人會合。

（三）是種族標記（圖騰說）：這是實用上的需求，就是識別族系的功能。就像族譜姓氏對於漢族一樣，是極重要且神聖的。全族人都刺額紋，即額頭刺青（縱紋一條）。

（四）是社團或吸引異性的成人象徵。

（五）是美的表現：本能的需求，也就是愛漂亮，女子美麗雅觀，男子英俊。

（六）成年的標誌：是成年禮的意義。紋面文化大師田貴實說：「我們從宗教的一個角度來講，我們從社會的意義來講，這是一種成年禮的意思，成年禮也就是說生命的一個禮俗。成年，你必須要通過這樣的成年禮，否則的話你後面的下半輩，你怎麼樣子結婚、生子，你搞不清楚，你沒有辦法承擔這樣的一種責任。」（註十四）

（七）是結婚成家的條件：太魯閣族的傳統，織布是女子紋面及結婚的必備條件。男子則是要有精湛的狩獵技巧，也是結婚的必要條件。

(八)是榮耀的象徵（記功說）：表彰男子英勇，女子有技能等社會意義。所以紋面具有紀錄功勳的作用。

不管男女接受紋面施術，都要忍受發炎、不會癒合，甚至紋路模糊不清受到祖靈（Utux）懲罰等。

(九)是貞節的體檢：以前的太魯閣族人非常忌諱婚前或婚外的性行為，認為任何人的姦情都會激怒祖靈，禍及族人。尤其是青年男女若有不道德的行為，在紋面時必會受到懲戒，紋面常會傷口發炎、腫脹甚至潰瀾，難以癒合。或者是紋面的花紋模糊，顏色暗淡不清。所以，男女青年在刺青前，紋面師會詢問紋面者是否有越軌的行為，如果有，就必須向祖靈認罪，方可刺青。女子紋面的色澤深，花紋清晰，就表示此女貞潔又賢淑，出嫁時可以向男方索取較多的聘禮。（註十五）

太魯閣族紋面的要求是很高的，除了要學習一般婦女應有的行為、男子勇敢善獵，男女還要絕對互相忠貞。

(十)通過彩虹橋的標誌：流傳東部各地太魯閣族的普遍傳說，人過世以後靈魂都會走過一道彩虹橋，太魯閣族的祖靈會在橋的彼端迎接子孫到祖靈世界，而紋面正是祖先留給後代一項認祖歸宗的應允和約定。（註十六）

(十一)如果沒有紋面就無法通過彩虹橋，到達祖先靈魂安息的地方，只能孤獨的在天地間遊蕩，成為孤魂野鬼，不受族人的祭拜。

(十二)太魯閣祖先常對孩子們說，人死後，他的靈魂必定在彩虹橋的橋頭。凡斬獲敵人首級的男人和會織布與編織的女人，一洗手立刻會出血來，像這樣的人可以通過彩虹橋，到祖靈那裡享福。若是沒有此等技能，就不能通過彩虹橋，而會被丟下河底，被螃

蟹吃掉，因此為了能經過彩虹橋，男人要去取敵人的首級，女人
必須會織布與編織；而且不可用手指著彩虹，以免手指會斷掉。
（註十七）

(十三)紋面師是德高望重的人：紋面師的道德信仰也必須是好的，其
所刺紋出來的線條才會成功又好看。

十五、世界紋身與紋面習俗采風

紋身是極為古老的文化習俗。根據人類學家的調查，東南亞和南
美洲的土著，都曾有紋身的情形。台灣的原住民泰雅族、賽夏族、布農
族、排灣族和阿美族等，過去都曾有紋身的習俗。布農族手臂刺紋據說
是以龍葵果子的汁液為刺青染料。

紋身就是用尖利工器在人體上刺刻圖案，使色素滲入體內，留下
永久性的花紋。由於顏料以黑色為主，如墨行文，故名紋身。不同的地
區、不同的民族，紋身的圖案也不太相同。（註十八）

在漢族的傳統中，也有臉上刺青的情形，那是對待犯人的一種刑
罰，這種被刺字於額上的罪犯稱為「黥徒」。日治時期，日人為瓦解各
族群的認同，逕以「黥面」稱呼，後訛傳下來，應是以「紋面」還其本
來面目。對太魯閣人來說，臉上刺青可不是一種罪惡的懲罰，那是生命
中最光榮、嚴肅的一件大事。男子紋面必須是在戰場上或打獵時，有著
英勇表現才能紋面；女子紋面則需有美好的容貌、靈巧的織布手藝，才
能刺臉紋。紋面的年齡在5歲至15歲之間，完成這項象徵榮耀的儀式，
方可論及婚嫁。未紋面者，很難找到理想的配偶。（註十九）

(一)吳越龍蛇圖騰紋身

圖騰是原始的宗教崇拜對象，古人認為自己的氏族與某種動物、植物或無機物有親屬或其他特殊的關係。因此，他們把它視為祖先或保護神，並刺在身上以示崇拜、以求神佑。中國古代吳越一帶的百姓，終日與水打交道，龍蛇自然成為他們的圖騰，紋身便多取龍蛇。(註二十)

(二)唐代紋身

傳統中國漢人社會的紋身風尚，儘管大環境與主流階層的態度皆屬負面，但這種在體表雕鏤紋樣的舉措，卻始終存在於唐代以降的時段裡，此關鍵或者與紋身者所秉持的身體意識有關。紋身雖然從來不曾成為漢人社會的普遍風習，但它仍然是少數特定人群反映心聲的行為格套。誠如文獻顯示，軍人與遊手，便常將紋身當作是表述一己心曲的管道。對他們而言，身體就是彰顯個人特質的工具，而那雕鏤在體表的紋樣，則毋寧是這種自我認知的具象，行為不會無端而生，因此，紋身的動因，也是值得加以討論的課題。

紋身行為最常出現在面臨極端處境，而有迫切表態需求的人們身上；當然，所謂的「極端處境」也是因人而異的。例如：當頭的國難，常是軍人們的紋身動因；但對於游走法網邊緣的人群而言，他們的肌膚紋刺，卻往往是源自於對社會常態秩序的反抗。換言之，倘若撇開行為的良否不論，「身體」與「花紋」的連繫，其實也可說是傳統社會部分人群擷抗環境壓力的方式。紋身的疼痛不獨可觀，亦且持續，就感官的角度而言，這種行為原本就帶有身體意識層面的附加價值。由於決定接受紋刺的人們，必須以極大的耐力來取得膚表的雕刺，因此傳統社會裡的紋身行為，或許還具備著見證個人卓絕意志力的「儀式性」作用。(註二一)

（三）宋代少年紋身

宋代有不少的青少年在身體上刺花紋。有的刺在肋臂、有的刺在項下、有的刺在肚臍眼旁、有的刺在前胸、有的刺在背上，也有遍身刺紋，刺得體無完膚的。刺紋的圖案有雀、雁、樹、菊等。（註二二）

（四）紋身國

元・周致中《異域志・紋身國》：「其國極富，專用實貨，物至賤，行不齎糧。王居飾以金玉，市用珍寶交易，尚財利，好作商。凡人皆文其身，多者為貴。」

（五）獨龍族紋面

獨龍族是一個人數不足五千的中國少數民族，習俗與上緬甸的米什米（Mishmis）人有點相似，山林之隔令他們偏處一隅，鮮為人知。……過去，只有鄰近的西藏人偶爾會越過獨龍江北面的喜馬拉雅山來侵襲此區。獨龍族為免婦女被抓，而在她們的臉上刺青，並成了一種習慣。隨時日過去，這些臉上的花式越來越講究，成了獨龍族的美貌標準，這舊風俗在解放後已遭摒除。（註二三）

獨龍族，是雲南特有的少數民族之一，也是中國民族人數較少的一支，自稱「獨龍」，其他民族則稱他們「俅人」、「俅帕」、「曲洛」等。他們的語言係屬漢藏語系藏緬語族景頗語支系統。有一重要特徵，就是生活在怒江、獨龍江地區的少數民族，只有獨龍族有紋面的習俗，在唐代的歷史《新唐書・南詔傳下》曾記載：「在雲南徼外千五百里，有紋面濮。俗鏤面，以青涅之。」「濮」字是古代對西南許多民族的泛稱，「紋面」則是根據紋面濮的風俗特點而命名的，而「俗鏤面，

以青涅之」，與今日獨龍族婦女紋面方法完全相同。(註二四)

中國雲南的獨龍族，自古有紋面的習俗，他們稱紋面的女人為「巴克圖」。據說在臉上紋最多圖案的女人，才有資格被稱為美女。

獨龍女人紋面，是為了免被傈僳族人搶去，很久以前，傈僳族人半夜躲於山上岩洞，看準形勢下手，搶女殺男，連小孩都殺死，劫走所有值錢東西。當時獨龍人連吃飯都匆匆忙忙，飯後趕快用冷水把火塘的火滅掉，怕被傈僳人發現。以前獨龍人住在樹上，就是怕土匪來搶人，晚上不敢熟睡，寧願睡在野外。藏族土司（1723年，滿清政府把獨龍江撥歸西藏領導），雖然得知此事，但卻不知獨龍人被搶到哪裡去，天大地大怎麼找，便叫女人紋面。傈僳人便不來搶，即使搶走了，一見紋臉就知道是獨龍族，很容易找回來。……紋面師傅用樹枝蘸鍋煙水在臉上描畫，用竹針與木條拍打紋面。……紋面圖案左右、上下完全均勻對稱。(註二五)

傳統的婦女在早期，年屆十二、三歲時，族內便會為其「紋面」，而且各氏族的紋樣皆不相同。紋面時，用竹籤蘸鍋底煙灰，先在臉上描出圖樣，等到煙灰乾後，紋面者再一手持竹針、一手拿拍針棒，循著底圖紋路，持續不斷的擊刺，隨後擦去紋路上的血水，再塗抹上鍋底煙灰和成的墨汁，又經過三五日後，待傷口結痂脫落，殘留出黑色或青色的斑痕，就成永不褪消的面紋。(註二六)

雲南省西北部玉龍山西北角獨龍族，其紋面應有數千年歷史，每人面紋比較起來不盡相同，表示不同氏族。據說紋面意義有二：一可避邪得神明保佑；二往生後變成蝴蝶（紋面圖紋）翩然飛去。(註二七)

世界上最早提及刺青文化的文獻，首推中國《禮記‧王制篇》上面記載：「東方曰夷，披髮紋身……南方曰蠻，雕題交趾，有不火食者

矣。」南方蠻，指的是現今雲南、廣西到泰北一帶，顯然所指的是現今住在雲南與緬甸交界的獨龍族。所謂「雕題」，也就是後人所謂的「黥面」或「紋面」。……獨龍族，人類學上屬「藏緬族」。(註二八)

(六) 黎族紋面

在永保村，凡是上了年紀的婦女，幾乎無一例外都有紋面和紋身。她們紋面的圖案完全一樣，都是由顴骨兩側開始紋起，紋線經過雙頰至下巴匯集為一橢圓圖形，並有網狀，再由兩肩肩胛紋線至胸部，手腕和腳腕處也有紋刺圖案，主要由點和線構成。現在的人都不大能解釋，以前的婦女為什麼要紋面，曾多次向村裡的老人和縣裡的黎族幹部請教，有的說是為了好看，有的說這是她們氏族的標記，如果沒有紋面，死後祖宗就不認了。那為什麼男的就不紋呢？男的又以什麼作為氏族的標記呢？這一帶過去流傳的洪水神話，有另一說法：遠古時候發大水，只有聽從烏鴉指示的小山鹿躲在葫蘆瓜裡逃生下來，海水暴退時，葫蘆瓜裡的東西都跌得粉碎，大塊的變成牛，細片變成了一個女人，更小的變成了豬、狗、雞、雀動物。這個女人懷了孕，生下一個男孩。男孩長大後，母親叫他去找人結婚，但天下的人都死光了，於是他母親只得紋了面，與她的親生兒子結婚。

還有另一種說法：黎族婦女因為怕被地主壞蛋霸占，所以才將自己的臉面毀壞了。但這似乎也無法完整地解釋，為什麼所有的黎族婦女都要紋面。紋面是很痛苦的事，紋上以後，往往會發炎紅腫一段時間。紋面都由村寨裡上了年歲的老婦人來操作，就這麼一代代傳了下來，如今已經沒有女性要紋面了。根據報導，當地人李憲忠的阿媽呂亞是紋了面的，但線條墨色已不太明顯，她在家裡幾乎是不聲不響的，偶爾跟年輕

人講上一兩句話；顯然，老人在年老後就自然地退出了生活的前台，尤其是女性長輩，只是在幕後盡力做一些力所能及的事情。(註二九)

紋身在黎族原始社會還是青少年轉變成年的標誌，是重要的禮儀之一，只有經過紋身才有婚配的資格。(註三十)

(七) 毛利人紋身刺青

刺青 (Ta Moko) 是毛利族傳統的紋身藝術，通常刺在面上，其目的和用途都是十分神聖的，另一種毛利語紋身 (Kirituhi) 則泛指皮膚上的藝術裝飾，沒有神聖意義。刺青的圖案與雕刻式樣有緊密的象徵意義，以前必須由族內神職人員的刺青專門執行，現在則由刺青藝術家來做。刺青對毛利人來說是「寶物」之一，因此，每款刺青的設計都是一項知識產權，而且每個刺青都對受刺人本身有特殊意義，含有其祖先、部族的信息，還有其家庭與部族的關聯，以及在此等社會結構中的地位。所以，刺青不只是一種藝術形式，更是一項歷史紀錄。近些年刺青藝術開始在紐西蘭的毛利族人中復興，同時也引起國際社會的興趣。幾年前，吉連‧懷特的短片《刺青》曾於聖丹斯電影節上放映，並獲好評。正式的刺青要遵從一定的程序來安排，先要了解其重要含意，取得設計及形狀式樣後，要得到家人的支持，最後由長輩取決。真正進行刺青時是沒有麻醉藥的，該是非常痛楚，而且可能歷時幾個月才完成，所以這是個人勇氣的表現，不適合膽小者。(註三一)

以往「紋身手術」一般人不能做，得由牧師來完成。牧師用骨頭磨成的小刀在男子臉上，或在女人嘴上刻出圖案，然後用木炭和樹脂混合而成的顏料塗入傷口內，傷口癒合後便留下藍色的花紋，紋身也是如此。而且紋面、紋身不是一次能完成的，要反覆數次，很是疼痛。由於

毛利人接受了現代文明，所以年輕紋面紋身者越來越少。因為這種習俗較為殘忍，……但是擔任酋長，或者一些有身分的人而言，不紋面、紋身仍被視為是一件很不光彩、很不體面的事。（註三二）

（八）沙勞越紋身刺青

在沙勞越，肯雅，加央和伊班等民族都盛行紋身。加央男女都有紋身（尤其婦女比男人的紋身更是費盡心機而成）。海達雅克的風俗恰好相反，他們的婦女身上根本沒有紋身，然而男人的身上有些幾乎刺滿了圖案。紋身的理由各族不同，而且也多是含糊不清的。現在人們的紋身的原因是要紀念其旅途和大事；另一個簡單的理由是一種美麗的裝飾。在以前，一個人的手背上刺了花紋便是表誌他在戰爭時的英勇事蹟，或者表示他曾獵取到人頭。加央人相信身上所刺的圖案，在幽冥界裡會變成火炬照耀他們。在許多紋身的圖案中，有某些圖案認為應刺在身體的某些部分上：一種圓形的星狀圖案僅刺在肩膀、胸前或手腕背上。一種更精細而且較大的圖紋，像狗、蝎或龍形只刺在前臂的內面和股部的外面；海達雅克還有一種特殊的圖案刺在男人的咽喉上。在砂勝越的各民族中，只有加拉必，加央和肯雅族的婦女才有紋身。在古時，這些民族的貴族婦女必須費盡心機從手指至肘部，從膝頭的下面到上股以及在腳上刺了精細的花紋，大概要四、五年的時間才能完成全身的花紋。（註三三）

婆羅洲沙勞越的 Iban 族，幾乎全身刺青，刺紋又多又密表示獵過很多人頭。而卡央族的女性必須擅長織布以後才能刺青，他們相信刺青圖案在幽冥界會變成火炬照耀他們。（註三四）

（九）緬甸欽族紋面

欽族（Chin）紋面婦女，目前生活在西北部的欽邦（Chin State）和若開邦（Rakhine），這個地區紋眠的歷史起源已不可考，有人認為這項習俗肇始於緬甸尚由國王統治的古老年代。當時皇族經常來到村子裡擄掠年輕女子，部落裡的男人或因而替女人刺青，以免淪為奴隸。長期以來緬甸政府限制外人進入部落敏達（Mindat）地區，一直到 2013 年才解禁開放。

愛美不怕皮肉痛，紋面圖案有幾種不同樣式：圖案流行於偏遠的妙烏（Mrauk）地區，要到達那裡，得搭乘三個小時的長尾船。這種紋面圖案通常連帶在額頭中央刺上一個圓圈以象徵太陽，或在鼻下刺上象徵虎鬚的線條。有一種被稱作「蜜蜂」的圖案，常見於敏達地區，蜜蜂圖案由點、線，偶爾加上圓圈所構成，屬於居住在若開邦山區蒙（Muun）部族的紋面樣式。

坎佩勒（Kanpelet）全臉紋面的烏普（U Pu）部族婦女，這是最特別的紋面方式之一，整張臉都刺上墨水，如今已極為罕見。……全黑的臉以往是美麗的象徵，少數拒絕紋面的女人會被男人看作醜八怪。全臉紋面過程需要三天時間，但疼痛卻持續一個多月。

紋面針有兩種製作方式，一種是將三塊竹片捆在一起，另一種使用棘刺。紋面墨水混合了牛膽汁、煤煙、植物原料和豬脂肪，完成一件標準的紋面作品通常得耗費一天，全臉黑色的紋面則需要更多天。紋面師是專門人員，有時也由家長操針，女孩在紋面過程中免不了血流滿面，傷口感染是常見的問題，臉上的每個部位都要刺青著色，包括眼皮。許多婦女表示頸部是最敏感的部位。

接受採訪報導的瑪翁珊，回想起她接受紋面的往事曾說：「那年我

10 歲大，在紋面儀式的前一天，我只吃了甘蔗和喝茶，不准吃肉或花生。紋面時我哭得很慘，但卻動彈不得。紋完面後，我的臉連續三天不停流血而且痛得要命。我媽將新鮮豆葉敷在我臉上以減輕疼痛。如果我想結婚就非得紋面不可，因為當時的男人只喜歡有紋面的女人。媽媽說如果我不紋面，看起來就會像是男人！我臉上的蛛網圖案就如同蜘蛛用網捕捉昆蟲一般，將男人吸引過來！」

以往如果女孩拒絕紋面，她們會被丟進屋舍底層的豬欄裡，直到她們回心轉意。她們太害怕這種命運，所以寧可接受紋面。

緬甸軍政府一向禁止人民紋面，當地傳教士也努力想要廢止紋面習俗。不過薩滿巫醫對於欽族人仍具有重大影響，有時也替人刺青作為防範邪靈的護身符。(註三五)

（十）圭亞那的瓦亞納族紋身與紋面

法屬南美洲圭亞那的瓦亞納人（Wayana）印地安人，他們嚴禁觀光客進入村中。印地安人以他們身上的彩紋塗料為傲，製作這種以森林漿果汁液調製成的塗料費時需數小時。身上的體毛毫無疑問地會破壞紋飾的美感，因此他們必須定期拔除。(註三六)

（十一）台灣漢人現代紋身刺青

過去台灣漢人的紋身刺青，圖案以龍、虎、花朵最常見，演變至今，只要是能以線條表示的圖樣，師傅均能以精湛的技巧創作完成。現今，紋身的內容包羅萬象，極具個性化。不過，這種有稍微痛楚的永久性圖案，將伴隨著紋身人的一生。

至於紋身的方式有哪些呢？(註三七)

1、用數根針綁在一起，捆在木棒上，手工點刺入膚。

2、用刺青機帶動針刺入皮膚，此為當今紋身師常用的方法。

3、用紋身貼紙：沒有針刺紋身的痛楚，只要往皮膚上一貼，就同樣
能有紋身的效果，便於洗刷，因此深受年輕人喜愛。

4、噴繪紋身：是新興的暫時性紋身方法，就是利用噴筆在人的皮膚
上噴繪出一幅美麗的圖畫。

註釋

註一：胡傳《台東州採訪冊》，1960 年，頁 53。

註二：王田明〈馬里巴西風情賞透透〉。

註三：田貴實〈彩虹消失前的傳說〉，《源》17 期，1998 年 9 月，頁 21。

註四：王玫瑰總編輯《移動的記憶(四)：太魯閣族部落史及家鄉資源調查成果冊》，花蓮秀林鄉
公所，2015 年 12 月，頁 103-104。

註五：同註四，頁 72。

註六：田貴實〈紋烙下的美麗與哀愁——巴幹巫民〉，《源》23 期，1999 年 9/10 月，頁 6。

註七：李詩經〈太魯閣風情錄〉。

註八：同註六。

註九：同註三，頁 22。

註十：田貴芳《太魯閣人：耆老百年回憶——男性篇》，台北，翰蘆圖書出版公司，2014 年 10
月，頁 107-108。

註十一：同註三。

註十二：〈責任與榮耀寫在臉上未完的故事——把最古老的文化放入最先進的科技：專訪泰雅紋
面文化研究者田貴實〉，《台灣原住民季刊》。

註十三：同註十二。

註十四：同註十二。

註十五：同註九。

註十六：同註七。

註十七：《花蓮神話部落卓溪鄉》摺頁。

註十八：張愛《搞怪奇聞故事》，中和，幼福文化公司，2010 年 8 月，頁 196。

註十九：同註三。

註二十：同註十八，頁 197。

註二一：陳元朋〈身體與花紋——唐宋時期的紋身風尚初探〉，《新史學》11卷1期，2000年3月，頁1。

註二二：李甲孚《中華文化故事》，台北，聯合報社，1985年11月，頁363。

註二三：黃效文〈邊境踏查——薩爾溫江上游探秘〉，《經典雜誌》100期，2006年11月，頁59。

註二四：陳琦俊〈獨龍江畔獨龍族〉，《師友月刊》346期，1996年4月，頁67。

註二五：周華山〈紋面女的蝴蝶夢〉，《讀者文摘》，2004年1月，頁56。

註二六：李永裕〈淺談滇西縱谷少數民族〉，《台灣博物》64期，國立台灣博物館，1999年12月，頁72。

註二七：〈追溯原始藝術源頭——訪施翠峰談台灣先住民族原始藝術資料保存計畫〉，《傳統藝術》14期，頁6。

註二八：同註二七。

註二九：李旭〈我在海南島五指山的日子——黎寨真人生〉，《經典雜誌》29期，2000年1月，頁32-33。

註三十：同註十八，頁198。

註三一：李曉〈新西蘭銀蕨的故事〉，《時尚旅遊》，2006年1月，頁42-45。

註三二：余方德〈紐西蘭毛利人的紋身與飲食〉，《桃園觀光》423期，2004年4月，頁29。

註三三：碧蒂．史肯倫著、黃俊賢譯《砂勝越博物館指南》，婆羅洲文化出版局，頁16。

註三四：同註二七。

註三五：Euic Laffoue 撰、林金源譯〈緬甸欽族紋面婦女——刺出一臉美麗〉，《經典》，2015年7月，頁136-139。

註三六：Claire Constant 撰、陳淑惠譯〈拒絕西方文明的圭亞那瓦亞納人〉，《世界地理雜誌》92期，1990年4月，頁90。

註三七：同註十八，頁201。

太魯閣族男女與夫妻的故事

第十六章

一、夫妻之道

採錄者：田哲益

採錄時間：2019年10月3日

採錄地點：花蓮縣秀林鄉水源部落

口述者：賴金枝（82歲），太魯閣群

　　以前是很重視夫妻倫理的，不可男盜女娼。丈夫不可以隨便找其他女人，同樣地女人也不可以找其他男人做偷雞摸狗的事情，否則死後不會給予通過彩虹橋的檢驗，將永遠到不了祖靈居所，與死去的親人相會。古代嚴格執行夫妻倫理，違犯倫常者，他的一生將不會獲致成功美滿的生活。

　　古代男女之間的關係很嚴格，不可以違犯倫常。違規的男女，「死後不會給予通過彩虹橋的檢驗，將永遠到不了祖靈居所，與死去的親人相會」。

二、男女倫理

採錄者：田哲益

採錄時間：2019年10月3日

採錄地點：花蓮縣秀林鄉水源部落

口述者：賴天文（62歲），太魯閣群

　　古時候，男女的關係有非常嚴格的分際，不像現在可以自由交往，那時候男生不可以找女生約會。男女偷偷交往，被家人知道了，女生會受到很嚴厲的打罵。所以古代男生與女生都會嚴守規範，否則會受到懲罰。

　　本則敘述古代男女交往受到嚴格的限制，超越了規範，會受到嚴厲的懲罰。

三、搶婚

採錄者：田哲益
採錄時間：2019年10月3日
採錄地點：花蓮縣秀林鄉水源部落
口述者：賴天文（62歲），太魯閣群

　　古代男女沒有自由戀愛，有搶婚的習俗。當男子喜歡上一個女子，但未獲女方的同意，男子的家屬就會發動搶婚行動，把女子搶到家裡，在住屋旁蓋起一間小小的茅屋，讓女子住在裡面，限制她的行動，並且把門鎖起來，不讓她逃跑。等女子同意了婚嫁才會讓女子回家，接著就是準備正式迎娶。

　　古代太魯閣族人有搶婚習俗，雖然名曰「搶」，搶奪的過程也許很激烈造成動盪，但是搶奪成功後，其實是很溫馨安全的。男方還是必須得到女子的點頭同意，才能正式娶她為妻。

四、搶婚

採錄者：田哲益

採錄時間：2019年10月4日

採錄地點：花蓮縣秀林鄉富世村可樂部落

口述者：詹秋貴（70歲），太魯閣群

....

　　古代有搶婚習俗，男方派出了壯丁到女方家搶奪女子，但是想要娶她的男生不會欺負她，比如說動手動腳不禮貌的動作；而是一直對女子示好，表示自己的誠意。如果女子對男子有了好感，就可以正式談論婚娶了。如果女子堅決不願意，男方家還是會把女子送回家。

　　搶婚習俗是在女方家不同意議婚時才行啟，搶婚是一個過程，實際上是一種逼婚，男子把女子搶奪回家，百般對女子示好，女子也有好感，即可進入正式迎娶的階段。女子若是堅決不同意，男方家還是會把女子送回家。

五、父母決定女兒婚姻大事

採錄者：陳溫蕙美、伍惠華

採錄時間：2007年4月9日

採錄地點：花蓮縣秀林鄉文蘭村

口述者：陳阿有（82歲）

....

過去的族人，結婚是聽父母親的，如果成年的男孩喜歡那家的女孩，女孩不喜歡也不能拒絕，女方的父母親甚至會迫其入住男方的家，這是耆老所說的搶婚，那是因為有的父母親怕面臨被獵頭的命運，才會這麼做。(註一)

本則故事強調，過去男女的婚姻關係完全由父母親決定，沒有自主性，只能服從。報導人還說了另一原因：「那是因為有的父母親怕面臨被獵頭的命運，才會這麼做」。

六、羞辱放棄違規女子

採錄者：田哲益
採錄時間：2019年10月4日
採錄地點：花蓮縣秀林鄉富世村可樂部落
口述者：詹秋貴（70歲），太魯閣群

過去兩性之間的關係是很嚴格的，要遵守 gaya（道德）的規範，絕對不容許亂來，連隨便摸手都不可以，gaya 就是古代的法律。如果是女子違規，家人可能會放棄這個女兒，也就是不要了，在眾人面前把她脫光衣服（不把她當人看），嚴重毒打，然後殺一隻雞，把雞丟到家屋外，就是放棄的意思。女子受到如此嚴重的羞辱與毒打，有許多跑到山上自殺了。這種公眾羞辱，具有教訓部落女子的意味，認知不可以做的事情。

本則故事要述如下：

（一）以前的道德規範很嚴格，男女連摸手都不可以。

（二）女子不遵守 gaya（道德）的規範，會被父母親脫光衣服（不把她當人看），嚴重毒打。

（三）然後殺一隻雞（表示女子），把雞丟到家屋外，就是放棄（不要了）的意思。

（四）女子受到如此嚴重的羞辱與毒打，有許多跑到山上自殺了。

（五）這種公眾羞辱，具有教訓部落女子的意味，認知不可以做的事情。

七、父母決定婚姻大事

採錄者：田哲益

採錄時間：2019年10月4日

採錄地點：花蓮縣秀林鄉富世村可樂部落

口述者：詹秋貴（70歲），太魯閣群

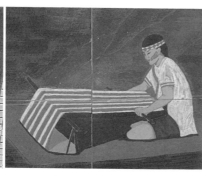

1 | 2

1. 男子從事工藝
2. 女子從事織布

以前男女的婚姻決定權在於雙方的父母，父母指定的婚姻對象，不管是殘障的、跛腳的、瞎眼的、從來沒有見過面的，都不能夠拒絕，否則違犯父母的意旨，這是最嚴重的不孝，也是違犯 gaya 的祖訓。以前男女的婚姻用現代的觀念來思考，還真有點殘忍。

本則傳說故事強調男女的婚姻決定權在於雙方的父母，即使是許配給殘障的、跛腳的、瞎眼的人，都不得有異議。太魯閣族人認為「違犯父母的意旨，這是最嚴重的不孝，也是違犯 gaya 的祖訓」。

八、聘禮

採錄者：田哲益
採錄時間：2019 年 10 月 4 日
採錄地點：花蓮縣秀林鄉富世村可樂部落
口述者：詹秋貴（70 歲），太魯閣群

從古代的婚俗，就有聘禮一項，還要殺家中飼養的家豬，分給雙方的親屬。從清代至日本時代，主要的聘禮都是生活器具，例如：鐵製鋤頭、煮飯鐵鍋、火槍、子彈、火藥、鐮刀、鐵刀等，這些東西被視為珍貴之物。族人不能自製，都是與漢族人以物易物交換得來的；婚宴中還要準備大量自己釀造的小米酒和豬肉佐食；若要娶富家女，要養很多牛做為聘禮，有點門當戶對之意。

本則傳說故事要述如下：

(一)古代的聘禮都是生活器具，例如：鐵製鋤頭、煮飯鐵鍋、火槍、
　　子彈、火藥、鐮刀、鐵刀等。

(二)婚宴中要準備大量小米酒和豬肉佐餐。

(三)若要娶富家女，要養很多牛做為送給女方家的聘禮。

九、殺豬的婚俗

採錄者：田哲益

採錄時間：2019年10月4日

採錄地點：花蓮縣秀林鄉景美村加灣部落

口述者：李秀花（60歲），太魯閣群

....

　　女子與男子睡過一夜，女方家屬會要求男方殺豬賠罪，贖罪後就
開始商議結婚的事宜。女孩子一定要誠實，否則家中會發生不幸的事
情。結婚時殺豬的隻數，從八隻到十隻都有，分給男女雙方家屬，本部
落甚至有高達殺十二隻豬者。其他如買房子、過生日、喜事等，都要殺
豬慶賀，如果沒有宴請親朋好友，據說家中的老人會很容易跌倒，很危
險。另外，買機車則會殺紅頭鴨慶賀。

　　本則故事要述如下：

(一)女子與男子睡過一夜，女方家屬會要求男方家屬殺一隻豬賠罪。

(二)男方家屬贖罪後，雙方就開始商議結婚的事宜。

(三)如果男方沒有殺豬贖罪，雙方家中會發生不幸的事情。

（四）結婚時殺豬的隻數，從八隻到十隻都有，是分給男女雙方家屬的。

（五）買房子、過生日、喜事等，都要殺豬慶賀，讓別人也分享喜氣。

（六）如果家中有喜事而沒有宴請親朋好友，據說家中的老人會很容易
　　　跌倒，很危險。

（七）買機車會殺紅頭鴨慶賀。

十、女孩被逼婚自殺

採錄者：田哲益

採錄時間：2019年10月4日

採錄地點：花蓮縣秀林鄉富世村可樂部落

口述者：詹秋貴（70歲），太魯閣群

⋯⋯

　　從前有一位女孩被逼婚投河自殺的事件。這個故事發生在舊部落
「蓮花池」（Sukulahan）地方。當時Sukulahan溪發生大洪水，看著滾滾
的溪水，傷心欲絕的女孩跳入了洪水中淹沒了，隨著溪水流入了大海
中，結束了她青春寶貴的生命。族人說她的靈魂不甘願，每當經過她投
河自盡的地方，都會聽到該名女子的尖叫聲，非常悽慘，很不甘心。這
是我聽過的故事。

　　這是一則女子被逼婚自殺的悲劇故事：

（一）這個女孩被逼婚投河自殺的事情，發生在中橫公路上舊部落「蓮花
　　　池」（Sukulahan）地方。

（二）女孩跳入Sukulahan溪大洪水中。

（三）每當族人經過女孩投河自盡的地方，都會聽到該名女子的尖叫
　　　聲，非常悽慘，很不甘心。

十一、殺豬賠罪

採錄者：田哲益

採錄時間：2019年10月4日

採錄地點：花蓮縣秀林鄉富世村可樂部落

口述者：詹秋貴（70歲），太魯閣群

　　家人發現家中的女孩與男子睡過了一夜，不管是在部落裡或是在
外地，好一點的結果是要求男方殺豬賠罪（洗罪），然後就讓他們結
婚。如果是外遇，在古代可能就會出草馘首了。

　　本則傳說故事敘述：

（一）未婚男女睡過一夜，男方家屬要殺豬賠罪（洗罪），才讓他們結婚。

（二）男女雙方都有家庭，發生外遇，則可能會發生出草馘首獵人頭的
　　　事情。

十二、情歌

採錄者：陳溫蕙美

採錄時間：2008年6月8日

採錄地點：花蓮縣秀林鄉富世村

口述者：高來富

Taya taya ko qmiru muhing dangay，Mkaraw dgiyaq, mda ku babaw dhgal ni sing。

　　這是口述者高來富女士的婆婆唱給她先生（口述者的公公）聽的一首情歌，歌詞是說她經過懸崖去尋找，他說他站在懸崖上，那是讓人懷念的經驗。在她出嫁要到夫家的時候，她經過山路，意思就是在講這一段出嫁的心情。口述者很快就懂得歌詞的意思，聽過之後就不會忘記，直到婆婆過世之前，還有唱給她婆婆聽。（註二）

　　本則是報導者婆婆唱的一首情歌。婆婆在出嫁要到夫家的時候，她經過山路的一段出嫁的心情。歌詞是說她經過懸崖去尋找，他站在懸崖上，那是讓人懷念的經驗。

十三、生育習俗

採錄者：陳溫蕙美

採錄時間：2008年6月8日

採錄地點：花蓮縣秀林鄉富世村

口述者：高來富

．．

　　女孩子生產之後，隔天就到農地揹地瓜，這就是她們以前的生活，不像現在生產之後要躺著休息一個月。以前婦女生產的時候，都是自己處理生產的事情，她們用竹片割斷臍帶，再用苧麻的線綁肚臍。（註三）

　　本則故事敘述古代婦女生育的事情：

（一）古代婦女生產之後，第二天就到農地工作了。

（二）現在婦女生產之後，要休息靜養一個月，食療補身體。

（三）過去婦女生產，都是自己處理生產的事情。

（四）生產的婦女用竹片割斷臍帶，再用苧麻的線綁肚臍。

十四、殺豬和解

採錄者：田貴芳、鍾正華、楊素美、林美蓮、妮娜、尹影

採錄時間：2003年3月24日

採錄地點：花蓮縣秀林鄉文蘭村

口述者：艾海寶

．．

以前我們 Seejiq Truku 的 gaya（習俗），就是男女青年睡在一起，不會亂來，因這是我們 Seejiq Truku 最忌諱的事。倘若男女青年發生問題，那男方要殺豬向女方和解並結婚，不得再想娶另一女子。（註四）

本則敘述男女不得逾越規範，否則要殺豬向女方和解並結婚。

十五、日治時規定女生晚上七點鐘一定要回家

採錄者：Tunux Wasi 等
採錄地點：花蓮縣秀林鄉佳民村
口述者：盧阿雪

⋯⋯⋯⋯⋯⋯⋯⋯⋯⋯⋯⋯⋯⋯⋯⋯⋯⋯⋯⋯⋯⋯⋯⋯⋯⋯⋯⋯⋯⋯⋯

日本時代，太魯閣族女生不能亂跑，規定晚上七點就要回家，不然警察會抓，不能隨便出去；現在的年輕人都很自由。（註五）

本則故事敘述日治時期日警管制族人很嚴格，尤其是女生不可以在外面趴趴走，規定晚上七點鐘就要回家，否則被抓到會被毒打。

十六、太魯閣族子女長大結婚後即獨立分戶

採錄地點：花蓮縣秀林鄉佳民村
口述者：黃櫻花

⋯⋯⋯⋯⋯⋯⋯⋯⋯⋯⋯⋯⋯⋯⋯⋯⋯⋯⋯⋯⋯⋯⋯⋯⋯⋯⋯⋯⋯⋯⋯

太魯閣族的習俗，子女長大結婚之後即獨立分戶，僅么子留下跟

父母親同住，其餘子女婚後再回來跟父母住在一起的情況，即被稱為 tnbarah，歸屬於家族禁忌的範疇。(註七)

　　本則敘述：

（一）太魯閣族習俗，子女長大結婚後即獨立分戶。

（二）最小的兒子則與父母親同住。

（三）子女婚後又回到父母家居住是禁忌，尤其女兒更是嚴格。

註釋

註一：王玫瑰總編輯《移動的記憶（二）：太魯閣族部落史及家鄉資源調查成果冊》，花蓮秀林鄉公所，2015年12月，頁30。

註二：王玫瑰總編輯《移動的記憶（四）：太魯閣族部落史及家鄉資源調查成果冊》，花蓮秀林鄉公所，2015年12月，頁50。

註三：同註二。

註四：田貴芳《太魯閣人：耆老百年回憶——男性篇》，台北，翰蘆圖書出版公司，2014年10月，頁191。

註五：王玫瑰總編輯《移動的記憶（三）：太魯閣族部落史及家鄉資源調查成果冊》，花蓮秀林鄉公所，2015年12月，頁38。

註六：同註五，頁26。

太魯閣族生活的故事

第十七章

一、住屋的故事

採錄者：田哲益

採錄時間：2019年10月3日

採錄地點：花蓮縣秀林鄉水源部落

口述者：賴天文（62歲），太魯閣群

....

　　遠古時代的人是住在石洞裡，那是早年的事情。後來，人們種植了竹子，發現竹子可以蓋屋，而且取之容易，便開始用竹子蓋起房子，用竹子編壁，也用竹搭屋頂，並覆以茅草，一棟舒適的屋子便完成了。這種竹茅草屋住了一段時期，到了日本時代，族人的主屋還是竹茅屋。民國以後，受到漢人的影響，開始建造磚瓦的平房，後來又演進為鋼筋水泥結構的房屋，甚至是樓房建築，生活品質越來越好。這就是我們太魯閣族人住屋的演進史。

　　這是一則居住屋宇的發展史，從居住石洞到住進茅草屋裡，再發展成磚瓦平房，後至鋼筋水泥的樓房。

太魯閣族竹屋

無患子泡沫很多可沐浴洗澡和洗衣服

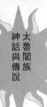

二、住屋空間設置

採錄者：陳溫蕙美

採錄時間：2008年6月8日

採錄地點：花蓮縣秀林鄉富世村

口述者：徐阿金

　　過去在山上的房子和現在的房子不大一樣，山上部落的房子都是竹子做的，屋頂是 bhngil、mngiya 芒草覆蓋的，這樣的覆蓋方式是良好的，不會漏雨，有的是木頭做的。過去的房子空間不大，中間是三腳灶，右邊放置一些雜物，其餘的空間就是睡覺的地方，都是圍在三腳灶四周。（註一）

　　本則故事敘述古代太魯閣族人家屋的材料與空間設置：

（一）古代的房子都是竹子做的，也有的是木頭做的。

（二）房子的屋頂是用芒草覆蓋的。

（三）屋內的空間設置，「中間是三腳灶，右邊放置一些雜物，其餘的空間就是睡覺的地方，都是圍在三腳灶四周」。

三、沐浴洗衣用皂

採錄者：田哲益

採錄時間：2019年10月3日

採錄地點：花蓮縣秀林鄉水源部落

口述者：賴天文（62歲），太魯閣群

....

聰明的古代祖先，發現有一種樹果子可以作為洗滌的材料，這種樹果子叫做「無患子」，未成熟的果子是綠色的，成熟後就變成金黃色的，族人取之用來洗澡及洗滌衣物。將圓形無患子果實（約比玻璃球還大）的種子（黑色的一顆）取下，果皮用木棒打碎，就可以洗滌衣物了；也有人拿來沐浴、洗頭，也是有泡沫的。

本則敘述太魯閣族人古代用無患子作為洗滌的材料，具有現代肥皂的效用，沐浴身體、洗滌衣物皆可。無患子屬無患子科，無患子厚肉質狀的果皮含有皂素，用水搓揉便會產生泡沫，可用於清洗。無患子在台灣又名黃目子，亦被稱為油羅樹、洗手果、肥皂果樹。

四、沐浴、洗衣

採錄者：田哲益
採錄時間：2019年10月4日
採錄地點：花蓮縣秀林鄉景美村加灣部落
口述者：李秀美（60歲），太魯閣群

....

古時候會用 masaq（無患子）來洗衣服，也用來沐浴洗澡，masaq（無患子）的泡沫很多，與現代肥皂的作用相同，適用於洗滌。

無患子稱為 masaq，用來洗衣服，也用來沐浴洗澡。自古以來無患

子也是漢族重要的清潔劑之一。

五、水誓

採錄者：田哲益

採錄時間：2019年10月4日

採錄地點：花蓮縣秀林鄉富世村可樂部落

口述者：詹秋貴（70歲），太魯閣群

....

　　古代太魯閣族人很流行發「水誓」，就是誓言、發誓，以表明自己堅決的立場或反駁他人對自己不利的汙衊、羞辱等，例如：被誤會偷東西、與人通姦等。心裡有鬼的人就不敢發「水誓」，因為這是對 utux（祖靈）的發誓，族人說：不可以欺騙祖靈，欺騙祖靈是很嚴重的罪行。發「水誓」是用一盆清水，把手指放在水中，發誓說：「我絕對沒有違犯祖訓，我是清白的，如果是我錯了，我將被祖靈嚴厲的懲罰。」這就是我們過去的「水誓」。

　　本則是過去太魯閣族人流行的發誓儀式：

（一）古代太魯閣族人有一種發誓儀式，稱為「水誓」。

（二）水誓是「表明自己堅決的立場或反駁他人對自己不利的汙衊、羞辱等」。

（三）發水誓的時機，例如：被人指為偷盜東西或與人通姦等。

（四）發水誓是對 utux（祖靈）的發誓，所以族人不敢隨便發誓，否則祖靈會降禍該人及其家人。

（五）發「水誓」是用一盆清水，把手指放在水中，然後發誓。

六、看太陽定時間

採錄者：田哲益

採錄時間：2019年10月4日

採錄地點：花蓮縣秀林鄉景美村布拉旦部落

口述者：余榮光（54歲），太魯閣群

....

　　古人沒有時鐘，但是也有一套看時間的方法，白天裡他們是看太陽的位置，就可以大致知道現在的時間是如何了。太陽從東方初升的時候，約是現在早上的五點鐘，太陽在天的正中央的時候，約是現在的中午十二點鐘，太陽快下山的時候，約是現在下午的五點鐘。一直到現在還是遵循著這種方法看時間。

　　古代太魯閣族人沒有時鐘，但是他們也有一套辨別時間的方法：

（一）白天族人在山田裡工作，他們沒有時鐘可以看時間，就用太陽的
　　　 位置判定時間，以作為下山回家的依據。

（二）太陽從東方初昇的時候，約是早上的五點鐘。

（三）太陽在天空的正中央的時候，約是中午十二點鐘。

（四）太陽將落山的時候，約是下午的五點鐘。

（五）一直到現在還是遵循著這種傳統方法看時間。

　　　 按布農族也有看太陽定時間的傳統習慣。

七、漁撈

採錄者：田哲益

採錄時間：2019年10月4日

採錄地點：花蓮縣秀林鄉富世村可樂部落

口述者：詹秋貴（70歲），太魯閣群

....

族人會到溪水裡抓魚、蟹、蝦等生物來吃，都使用魚簍來捕抓，不會經常去捕抓，會保留魚種，待下次去捕抓時，留有魚抓。

本則敘述太魯閣族人的漁撈觀念與知識，他們不會趕盡殺絕，必也「保留魚種，待下次去捕抓時，留有魚抓」。真是高尚的漁撈經濟。

八、日治時期的生活

採錄者：田貴芳、鍾正華、楊素美

採錄時間：2003年3月10日

採錄地點：花蓮縣秀林鄉水源村

口述者：仲金生

....

日本人統治我們部落時期，生活作息是很嚴格的，但也很有紀律。如果我們安分守己沒有犯錯，也就沒事。但相反地，如果犯錯、偷竊、打架鬧事，這樣就會被日警抓去挨打，在日警駐在所關起來好幾天。我們也替日本人開山路、山洞，我們太魯閣族如不去而反抗，下場

就是毒打或其他嚴刑。我們替日本人開山路，一天有五毛錢（日幣）可賺，五毛錢（日幣）在我們那時代是很大的，可以買許多的食物呢！但如果是我們 Truku 族少年去開路，工資是四毛錢（日幣）。還有就是如果我們要上山狩獵，要先向日警駐在所報備才可以上山狩獵，日警會借給我們槍枝，還有三顆子彈。到山區狩獵不能超過一星期，如果超過時間，日警會生氣的。（註二）

　　本則敘述太魯閣族人日治時期的生活：

（一）日人管理族人的生活是很嚴格的，但是很有紀律。

（二）犯錯的族人會被日警抓去挨打，或在日警駐在所關起來好幾天。

（三）族人要替日本人開山路、山洞等，如果不去而反抗，就會被嚴刑毒打。

（四）獵人要上山狩獵，須向日警駐在所報備才可以，日警會借給獵人槍枝，還有三顆子彈。這個槍枝就是當年日人強制收繳的族人的火槍。

（五）獵人上山狩獵不能夠超過一星期。

九、日治時期的生活

採錄者：田貴芳、鍾正華、楊素美、妮娜、尹影、林美蓮

採錄時間：2003年2月25日

採錄地點：花蓮縣秀林鄉水源村

口述者：胡永祥

　　我覺得日人統治那時期大致上是不錯的，雖然要求很嚴格，但是生活有秩序的教育著我們族人。每年還會有一次開會（如同村民大會），頒獎給表現優良的族人，並不忘要我們努力工作不要偷懶。以前族人也替日人闢山路、鑿山洞，一天工資二十五元（日幣）。如果要上山狩獵，日警會給我們槍及四顆子彈，借槍枝的時間不得超過一星期。另外會做的工作是從 Bsngan（富世）搬運物資到 Tpdu（天祥），一趟搬十二瓶酒是二十五元（日幣），搬米一袋是六十元，因為米比較重。那時的 Tpdu（天祥）如同市集一樣，非常熱鬧。(註三)

　　日治時期，當時日本人建學校所使用的人力都是太魯閣族人，不論砍樹、搬石頭、搬木頭等工作，都是由部落族人來做，把族人當成奴隸看待，一偷懶就被拷打。

　　在部落裡的族人就算犯下一點小錯，如偷東西、搶東西等，都會不分青紅皂白的嚴刑拷打，甚至把族人毒打到死。族人在這種長期欺壓下，依然憑著強韌的生命力存活至今，而這當中又有多少人還存留著歷史傷痕的記憶。(註四)

十、日治時期的生活

採錄者：田貴芳、鍾正華、楊素美、妮娜、尹影、林美蓮
採錄時間：2003 年 2 月 27 日
採錄地點：花蓮縣秀林鄉秀林村民有部落
口述者：蔡勝利

　　日本人統治我們 Tpuqu 部落（陶樸閣部落）的時候，把我們太魯閣族人當成下人，如同奴隸看待，當作工具一樣使喚，而且生活要求很嚴格。如果沒照日本人的命令去做，會被他們毒打或是關進駐在所。部落婦人如果沒有在家織布也會被打，對部落男女都一樣嚴苛無理。每個族人一星期都要輪流做不同的工作，有的站哨崗、有的種植、有的伐木，有的替日本人搬東西，包括米、鹽等糧食，就是從今天的太魯閣搬到山區 Tpuqu 部落這樣的遠路，期間沒有安排休息的時間。包括 Rusaw（洛韶）、Kbayan（古白楊）等每個山區部落，太魯閣部落族人均不得來往。我們部落男子也不能隨便上山打獵，一定要先到日警駐在所報備，日警發給部落族人六顆子彈，只能上山打獵三天，限制我們部落族人的生活層面太多，那時日本人對待 Truku 族部落都是一樣，太嚴苛且不合情理。（註五）

　　本則敘述：
（一）日本統治太魯閣族人，把族人當成奴隸來看待，稍有不從即遭毒打或是關進駐在所，對族人很嚴苛。
（二）族人為日本人伐木、種植、搬運等。

(三)部落與部落間族人也不得交往。

(四)不得隨意上山狩獵，狩獵受到管制，只能上山打獵三天。

　　按太魯閣戰役後，太魯閣族人不敵，不得不繳械，所以獵槍集中保管於日警駐在所，要狩獵才借給族人，日警只發給六顆子彈。

十一、族人郵遞公文

採錄者：田貴芳、鍾正華、楊素美、林美蓮

採錄時間：2003年3月22日

採錄地點：花蓮縣秀林鄉景美村

口述者：林守道

　　以前有專替日本人送公文的族人，他們做這些事情是沒有工資的，跋山涉水路程遙遠，從 Bsngan（富世）部落接收公文到 Tpdu（天祥）部落是一段路程，從 Tpdu 部落到 Skliyan（西奇良）部落或 Qmuhr（可莫黑爾）部落、Kbayan（古白楊）部落等則是另一段路程。他們的工作如同現在的郵差一樣，但不同的是現代郵差有交通工具，以前是用腳走路的，現代郵差有薪水，在日本時代是沒有工資的遞送了。(註七)

　　本則敘述日治時期太魯閣山區的郵遞公文事務：

(一)族人在太魯閣山區替日本人送公文，他們是沒有工資的。

(二)從富世部落接收公文到天祥部落是一段路程；從天祥部落到西奇良部落或到可莫黑爾部落、古白楊部落等則是另一段路程。跋山涉水路程遙遠。

十二、加灣部落私宰豬隻

採錄者：田貴芳、鍾正華、楊素美、林美蓮

採錄時間：2003年3月22日

採錄地點：花蓮縣秀林鄉景美村

口述者：林守道

在我 18 歲的年紀，我們部落有許多族人被日警帶回駐在所毒打，原因是為了我們 Qowgan（加灣）部落族人有殺豬時，沒向日本人告知，後來日警告訴族人說，殺豬前一定要先向日本警察報備，要不然就不准殺豬。那時候，有一位名叫 Piring Siyuk（比林‧希尤克）的部落族人，沒向日本警察報備而私下殺豬，被日警駐在所所長 Misiyama 發現，親自抓到日警駐在所毒打。從駐在所回來之後，Piring Siyuk 回到家裡，很生氣的拿起 pucing（刀）追殺日警所長 Misiyama。這是因為我們 Qowgan（加灣）部落族人對此事都覺得太不公平，而且日警這樣的做法太霸道了。（註七）

本則故事敘述：

（一）日本統治時期實施高壓政策，連殺豬都要先向日本警察報備。

（二）有一位族人沒有報備而私下殺豬，被抓到日警駐在所毒打。

（三）這位族人回家之後，拿起佩刀追殺日警所長。

十三、偷盜者的下場

採錄者：田貴芳、鍾正華、楊素美、妮娜、尹影

採錄時間：2003年3月15日

採錄地點：花蓮縣秀林鄉富世村

口述者：張清貴

　　日本人統治我們部落族人的時代，很嚴格也沒有自由，不但監控著我們族人的一舉一動，還要族人勤奮工作不能偷懶或閒在家裡。有一次，在我讀書的時期，我自己也太調皮，有位男同學在廁所小便，我順手一推害他差點跌倒，那時候的日本老師 Watan Nabi（瓦旦‧拿比）罰我去跑操場，讓我跑到累垮了。我從學校畢業之後，加入了青年隊，那時只要長大的青年人一定要加入青年隊，我真的不喜歡那種沒有自由的統治方式。有一回我們在青年隊當中有人偷東西，被日本人發現，我們全青年隊輪流打偷竊者一巴掌，之後日本人更把他帶到日警駐在所做了好幾天的苦工。（註八）

　　本則故事敘述：

(一)日本人統治太魯閣族時期，非常嚴格也沒有自由，還要監控族人的一舉一動。

(二)小學教育所畢業後，就要加入青年隊，非常嚴格也不自由。

(三)有一次在青年隊裡有人盜竊，日警要全體青年隊輪流打偷竊者一巴掌，之後日本人更把他帶到日警駐在所做了好幾天的苦工。

十四、日治時期推行日語

採錄者：田貴芳、鍾正華、楊素美、林美蓮、妮娜、尹影
採錄時間：2003年3月24日
採錄地點：花蓮縣秀林鄉文蘭村
口述者：艾海寶

....

　　在日本時代，我們部落族人不能說母語，只能說日本語。年輕族人都要參加山地青年服務隊的受訓。受訓時衣服要整齊，裡衣不得外露，衣服不整齊定會挨打，男女青年分開練體能跑步，有時還搬石頭蓋墳墓。如果要狩獵，必須向日本警察駐在所報備，回來後要告知。狩獵時間不得超過七天，並給予子彈七顆，如有捕獲獵物要分給日本警察。（註九）

　　本則敘述：
（一）日人統治時，不能說族語，只能說日本語。
（二）青壯年都要參加山地青年服務隊的受訓。
（三）受訓時衣服要穿整齊，否則定會挨打。
（四）受訓時要練體能跑步，有時還搬石頭。
（五）要狩獵須向日本警察駐在所報備，回來後要告知。
（六）槍枝是向日警借的（以前沒收族人槍枝），子彈只給七顆。
（七）如有捕獲獵物要分給日本警察。
　　另外，日治時期皇民化推行國語（日語）運動，成績好的家庭即會頒發「榮譽家庭」、「國語家庭」之類的獎狀。

註釋

註一：王玫瑰總編輯《移動的記憶（四）：太魯閣族部落史及家鄉資源調查成果冊》，花蓮秀林鄉
　　　公所，2015年12月，頁52。

註二：田貴芳《太魯閣人：耆老百年回憶──男性篇》，台北，翰蘆圖書出版公司，2014年10
　　　月，頁110。

註三：同註二，頁119。

註四：同註二，頁136-137。

註五：同註二，頁140-142。

註六：同註二，頁155。

註七：同註二，頁155-156。

註八：同註二，頁169-170。

註九：同註二，頁191。

太魯閣族飲食的故事

第十八章

一、飲食倫理

採錄者：田哲益

採錄時間：2019年10月3日

採錄地點：花蓮縣秀林鄉水源部落

口述者：賴金枝（82歲），太魯閣群

....

　　我現在要講的是太魯閣族古代有關飲食方面的故事，以前的人很重視公平分配，尤其是肉類，一定要分配得很公平，哪怕是一隻小老鼠，都要分好，有六個人就要分六份，菜和湯則一起吃。以前的人是圍坐著鐵鍋吃飯，用手抓著飯來吃，以前煮小米飯，也會加些野菜。現在的人吃飯很自由，不像以前那樣。如果是兩個獵人一起去放陷阱，所獵獲的野獸也都要公平分配。

　　這是一則公平正義的故事，凡事要求公平、公正，吃飯時肉類要切分公平，不會分多也不會分少。兩個獵人上山放陷阱所獲獵物也要均分。

二、吃飯點湯儀式

採錄者：田哲益

採錄時間：2019年10月4日

採錄地點：花蓮縣秀林鄉富世村可樂部落

口述者：詹秋貴（70歲），太魯閣群

....

　　以前人吃飯的時候，有一種很特殊的儀式，就是「手指點湯」儀式。吃飯之前，先以手指點湯，然後手指點在下唇，向下滑至喉嚨，這個飯前儀式意在吃食東西很順利，不會被卡到。以前人吃小米飯，等涼了才會吃，全家人圍攏鐵鍋，並用手舀來吃，而且只能舀自己面前的小米飯吃。

　　本則敘述如下：

（一）以前人吃飯的時候，要先做個儀式，就是「手指點湯」儀式。

（二）「手指點湯」儀式是「以手指點湯，然後手指點在下唇，向下滑至喉嚨」。

（三）「手指點湯」儀式意在吃食東西很順利，食物不會卡到喉嚨。

（四）以前的人用手舀吃小米飯，只能舀自己面前的飯，不能越界到對面舀飯。

三、採食蜂蛹

採錄者：田哲益

採錄時間：2019 年 10 月 4 日

採錄地點：花蓮縣秀林鄉富世村可樂部落

口述者：詹秋貴（70 歲），太魯閣群

　　太魯閣族人在山上也會採食蜂蜜與蜂蛹來吃。蜂蜜用以佐餐，蜂蛹則烤來吃，是高蛋白的野生採集食物。

這是古代族人採食經濟的故事，蜂蜜與蜂蛹也是族人在山上採食的食物。蜂蛹是烤來吃的。

四、飲食習俗

採錄者：陳溫蕙美

採錄地點：花蓮縣秀林鄉佳民村

口述者：黃櫻花：

．．．

以前我的爸爸媽媽告訴我的是關於吃的 gaya（習俗、規矩），像是吃豬的腳或其他動物的腳會怎麼樣，他們會告訴我們什麼慣習會讓我們帶來不好的事情；還有一個是不能吃什麼部位，如果吃了以後，就會黏在那個地方起不來。他們講生活上的注意事項很多，以前的人非常pgaya，像是飛鼠的尾巴不能夠吃，那是指男生不能吃，那會讓男生的動作緩慢或者起不來。吃飯的時候不能坐在小凳子上，以前吃飯也沒有筷子，就是用手抓來吃的。以前煮飯並沒有加任何東西，有時候是會加pajiq qulung，以前沒有什麼菜，大部分是老鼠、鳥等野獸煮湯，這就是以前的生活。（註一）

本族故事敘述：

（一）吃食物也有 gaya（習俗、規矩）的。

（二）吃動物的腳有些人是有禁忌的。

（三）吃動物的各部位也有些人是禁忌吃的。

（四）吃動物的尾巴亦有些人是禁忌吃的。

（五）吃飯的時候不能坐在小凳子上。

五、飲食禁忌

採錄者：田哲益

採錄時間：2019年10月4日

採錄地點：花蓮縣秀林鄉景美村加灣部落

口述者：林忠信（62歲），太魯閣群

....

　　以前的人，吃飯的時候有許多禁忌；過去的主食是小米和玉米，小米飯弄涼後是用手舀起來吃，吃的時候只能吃自己面前的飯，不能越界舀著吃。玉米也是常吃的食物，把玉米曬乾儲存，要吃時將之搗碎，加上花豆、大豆、排骨等一起吃。小孩子的飲食禁忌很多，例如：

（一）小孩不能吃內臟：內臟是給老人吃的。

（二）小孩不能吃頭。

（三）小孩不能吃尾巴：飛鼠、老鼠、松鼠、果子狸、山豬、山羊等動物尾巴，都不能吃。吃了，長大後膽子會很小。

（三）小孩不能吃腳：女孩子長大後會亂跑。

　　本則是太魯閣族餐食的規矩：

（一）過去的主食是小米和玉米，吃的時候不可以越界舀食。

（二）小孩子的禁忌規矩很多，例如：不能吃內臟、不能吃頭、不能吃尾巴、不能吃腳等。

六、禁忌吃血

採錄者：田哲益

採錄時間：2019年10月4日

採錄地點：花蓮縣秀林鄉景美村布拉旦部落

口述者：余榮光（54歲），太魯閣群

　　傳入太魯閣族的真耶穌教會，有一個很特殊的習俗，就是不吃「血」，任何動物的「血」都不能吃，否則違反教義。

　　這是真耶穌教會信徒的飲食禁忌，任何動物的「血」都不能食用。

七、小孩食物的禁忌

採錄者：田哲益

採錄時間：2019年10月4日

採錄地點：花蓮縣秀林鄉景美村布拉旦部落

口述者：余榮光（54歲），太魯閣群

　　太魯閣族小孩子食物的禁忌，例如：不能吃野獸孕母肚子裡的孩子，也不能吃幼獸，否則吃了，長大以後會怕冷，禁不起嚴寒酷冬。

　　這是太魯閣族人小孩子食物的禁忌：

（一）不能吃孕獸肚子裡的孩子。

（二）不能吃幼獸。

（三）吃了孕獸肚子裡的孩子和吃幼獸，長大以後會怕冷，禁不起嚴寒
酷冬。

八、小孩禁吃的食物

採錄者：田貴芳、鍾正華、楊素美、林美蓮

採錄時間：2003年3月22日

採錄地點：花蓮縣秀林鄉景美村

口述者：林守道

....

　　部落族人要殺豬慶祝或結婚的時候，像是豬舌頭、內臟、豬頭是不
准小孩吃的，雞屁股及雞肝也是不准小孩吃。（註二）

　　本則敘述古時候小孩子禁忌吃豬舌頭、內臟、豬頭、雞屁股及雞肝。

九、小孩不能吃鍋巴

採錄者：田哲益

採錄時間：2019年10月4日

採錄地點：花蓮縣秀林鄉富世村可樂部落

口述者：詹秋貴（70歲），太魯閣群

....

　　自古以來小孩就不能吃鍋巴，這個規定其實也很奇特。鍋巴是給

老人家吃的，會對小孩子說：「鍋巴不好吃，是給老人吃的，小孩不能吃。」但是事實上是相反，鍋巴其實是很好吃的，於是族人們就創造了一種似乎很合理的說法：「小孩子吃鍋巴容易跌倒，很危險，所以不能吃鍋巴。」於是小孩不能吃鍋巴的習俗一直流傳了下來。

本則敘述小孩不能吃鍋巴，謂「小孩子吃鍋巴容易跌倒，很危險，所以不能吃鍋巴」。

十、香蕉粽、紅豆糯米飯

採錄者：田哲益
採錄時間：2019年10月4日
採錄地點：花蓮縣秀林鄉富世村可樂部落
口述者：詹秋貴（70歲），太魯閣群

香蕉粽和紅豆糯米飯是太魯閣族傳統重要的食物，無論是打獵、婚禮、各種喜慶等，都會製作這類的傳統糕點。細心體貼的妻子會製作糕點，讓上山狩獵的丈夫帶著，能夠維持三、四天不會腐壞，獵人在山上就不愁吃的食物了。太魯閣族有很特別的便當盒，是用藤編製的，獵人就是把食物放在裡面，攜帶很方便。

本則敘述太魯閣族的傳統糕點香蕉粽和紅豆糯米飯，可以裝在藤製便當盒裡，攜帶上山工作或去打獵的食物。香蕉粽和紅豆糯米飯能夠維持三、四天不會腐壞，所以是很好的食物。

十一、殺雞宴客

採錄者：田哲益

採錄時間：2019年10月4日

採錄地點：花蓮縣秀林鄉景美村加灣部落

口述者：李秀花（60歲），太魯閣群

．．．

　　以前的人雖然有養雞，但是不會隨便殺來吃，有遠方的貴客來訪時就會殺雞，以前是用火燒毛，不像現在用滾燙熱水泡雞拔毛。用火燒毛的雞特別好吃，原住民都用這種方式除毛。宴客時，家中的小孩要隔離，讓客人先吃。一般用餐，雞肉會切分的很公平，每個人都會分到公平的切肉，老人家慈愛孩子，會分些肉給小孩子吃。用餐時如果有人還沒有到，會留下他的那一份，等他回來時再吃。

　　本則敘述族人殺雞與吃雞：

（一）有貴客來訪時就會殺雞以饗客人，表示主人的誠意。

（二）過去拔除雞毛是用燒毛的，雞肉特別香。

（三）宴饗客人時，小孩子要隔離，要先讓客人吃。

（四）家人一般用餐吃雞肉，雞肉要切分公平，每個人獲得的雞肉是等
　　　量的，沒有人多分，也沒有人少分。

（五）老人家慈愛孩子，會分些肉給小孩子吃。

（六）用餐時間有人還沒有回來，他的那份肉會留下來，等回來時再吃。

十二、飲酒敬鬼神

採錄者：張致遠

採錄地點：花蓮市碧雲山莊

口述者：廖守臣

資料來源：張致遠〈花蓮泰雅之旅〉

．．．

　　張致遠學者與廖守臣大師一起喝一箱啤酒，廖守臣說：太魯閣族人飲酒，先以食指沾酒往地面撥酒數滴，這種習俗由來已久遠，為的是「敬畏鬼神」，有酒鬼神饌，否則招致厄運。（註三）

　　本則是太魯閣族飲酒前的「有酒鬼神饌」故事：

(一) 太魯閣族人很敬畏鬼神。

(二) 太魯閣族人飲酒，先以食指沾酒往地面撥酒數滴，這種飲酒習俗已經流傳很久。

(三) 太魯閣族人認為「有酒食鬼神饌」。

十三、調味料

採錄者：田哲益

採錄時間：2019年10月4日

採錄地點：花蓮縣秀林鄉富世村可樂部落

口述者：詹秋貴（70歲），太魯閣群

．．．

太魯閣族婦女搗米

太魯閣族屋內擺設

　　傳統太魯閣族的飲食調味料，例如：「鹽膚木」是用以替代鹽巴的，在山上有很多這種樹木，果實成熟時呈現暗紅色，吃起來鹹鹹的，是許多原住民族過去食用的鹽巴代用品。另有一種叫「刺蔥」，是味精的代用品。

　　一則飲食文化：傳統調味料，敘述兩種傳統最重要的飲食調味料「鹽膚木」（鹽巴代用品）和「刺蔥」（味精的代用品）。

十四、鹽巴

採錄者：陳溫蕙美
採錄時間：2008年6月8日
採錄地點：花蓮縣秀林鄉富世村
口述者：徐阿金

　　以前老人家住在山上是沒有鹽巴的，他們都會下山到海邊取海水煮鹽，他們都是用走的，一次下山是很多人的，都是一家人，要走多

久我不知道，他們會帶大的 kama（鍋子），再堆木柴燒，取海水煮，真得變成鹽巴（cimu）。他們到新城那裡的海邊，好像是要三天的時間，一次煮很多，再揹回山上的部落，這樣煮出來的鹽很好吃，只是比較粗。(註四)

本則是太魯閣族人製鹽的故事：

(一)過去族人還住在中央山脈太魯閣高山地區的時候，會到新城的海邊取海水製作鹽巴。

(二)製鹽的方法是取海水放在鍋子裡，再用所堆的木柴燒煮，就煮出鹽巴了。

(三)他們在山下製鹽，再把鹽巴的成品揹回山上的部落。

(四)從山上到海邊所需的時間是三天，是一趟艱苦的工作，但是族人們卻不辭辛勞。

據景美村田秋蘭口述：以前的鹽巴配料，都是到海邊揹海水來煮，一整鍋的海水煮一整天，只獲得少許的鹽巴。有時候也會用織好的布與漢人換鹽巴。

十五、烹煮的火種

採錄者：陳溫蕙美

採錄地點：花蓮縣秀林鄉水源村

口述者：吳阿雲

從日本人來了之後才有點火的火柴（putung），在那之前，以前的

祖先是用 qrari（石英）來點火，那是白色和一閃一閃的石頭，像這樣配一種會起火的鐵，這種鐵不是 samu 或是鐵絲的鐵，像這樣磨過來磨過去，它的火星就會被磨出來，山上的 spriq（雜草），葉形像 wasaw，他們把它曬乾後接上磨出來的星火，從這裡才開始有火。他們把 wasaw 和竹子捆成一把，以前的火是這樣來的。在我那個時代，日本人已經在台灣了，所以是用 putung 來起火。（註五）

本則敘述起火的材料是石英來點火，配一種會起火的鐵，磨過來磨過去產生火星，在 spriq（雜草）著火。日治時才開始用火柴。

十六、火種

採錄者：田哲益
採錄時間：2019年10月4日
採錄地點：花蓮縣秀林鄉富世村可樂部落
口述者：詹秋貴（70歲），太魯閣群

古代人引火，有自己取火的一套方法，他們是用兩塊白色石英石，大約是手掌般大，相互摩擦引起火花，就可以取得火種了。而燃引的材料是香蕉絲，香蕉絲必須曬得很乾很乾，把它搓成一團一團，就可以把石英石磨擦的火星燃引起來。

本則是古代太魯閣族人「火種」的故事：
（一）太魯閣族人古代的火種是用白色石英石和香蕉絲燃引起來的。

（二）兩塊白色石英石相互摩擦引起火花，火花掉到非常乾燥的香蕉絲
　　上，就燃起火來了。

十七、火種

採錄者：田哲益
採錄時間：2019 年 10 月 3 日
採錄地點：花蓮縣秀林鄉水源部落
口述者：賴天文（62 歲），太魯閣群

⋯⋯⋯⋯⋯⋯⋯⋯⋯⋯⋯⋯⋯⋯⋯⋯⋯⋯⋯⋯⋯⋯⋯⋯⋯⋯⋯⋯⋯⋯⋯⋯⋯⋯⋯⋯⋯

　　古代沒有火柴可以取火，過去是用兩塊白色的石英石磨擦取火。
在底下放上很乾很乾的香蕉絲，當磨擦石英石，就會發出火星，火星掉
落到香蕉絲上就燃起火來了。這就是古代傳統使用的火種。

　　太魯閣族人在漢族人「火柴」傳入之前，自己有一套傳統的引火方
式，引火的材料是「石英石」和「香蕉絲」，就能引火煮食和取暖了。

十八、狩獵分食習俗

採錄者：田哲益
採錄時間：2019 年 10 月 4 日
採錄地點：花蓮縣秀林鄉富世村可樂部落
口述者：詹秋貴（70 歲），太魯閣群

　　古代的人狩獵，抓到很多野獸，會先在山上獵區裡把獵物烤乾，這樣也比較方便用獵袋背負下山。過去的獵物是全聚落分享、分食的，獵人不可以獨享，這是非常優美的飲食習俗，也是非常高尚的人格情操。

　　過去獵人捕獲獵物是全聚落的族人一起分享、分食的，獵人不會獨享。同樣的其他獵人捕獲獵物，我們也可以一起分享。

十九、狩獵飲食敬老

採錄者：田哲益
採錄時間：2019 年 10 月 4 日
採錄地點：花蓮縣秀林鄉富世村可樂部落
口述者：詹秋貴（70 歲），太魯閣群

　　部落裡的獵人，揹著新鮮的整隻野獸回到部落，會在獵人的家進行燒毛去毛的整理，再把野獸從中間剖半，取出內臟腸子等。族人認為

生吃「肝」是最營養、最補的聖品，也是最乾淨的食物。族人都會把生肝切成小片小片，獻給在場的耆老（男、女）吃，以示敬老。

本則是太魯閣族人的飲食敬老習俗，捕獲新鮮的獵物，他們認為所有野生動物的「肝」是最上等的補品，會敬獻給老人吃。

二十、銅門部落釀酒

口述者：林秀枝

我的父親以前打獵的時候，我的母親會釀小米酒，打獵通常會到一個禮拜的時間，等他們狩獵回來，釀的酒就可以給獵人喝。小米酒是我的母親釀製的，我那個時候還在國小（日本小學）讀書，當時就在旁邊看，我看到的是已經發出酒味，他們斟了一些出來（snnisi dha ka ni），……把甕裡的酒倒出來的，印象中好像他們是用兩根大約三十到四十公分長的藤條，當他們狩獵回來的時候，他們會把酒灑一些出來對祖靈念祭禱詞（snsiyun dha）。之後他們把釀過酒的小米壓擠，再放置到藤籃（圓形淺底的置物籃，早期篩小米的用具）上，接著就把小米糕放著晾乾。等小米糕乾了之後，如果他們要再釀酒，他們就會把這個之前釀過酒的小米糕（族語稱 tgla）灑在要釀的酒槽裡（釀酒的容器可分為竹器和陶甕）。這是我以前看過的釀酒方法，我只知道這一段過程。他們先是舂小米搗成糕（tnkanan hlama masu）的同時，一起混入釀過酒的小米糕（tgla，即酒麴），就像現在做糕要加糖一樣的道理，它的功效就像這樣，就是會比較有味道，他們把酒麴（釀過酒的小米糕）取出來，

先是拿出來曬，等到乾了之後，他們再把它混入小米裡一起攪拌。小米有兩種，一種是 masu daun，煮來食用（就像現在的米飯），另一種就是小糯米（masu dhquy），顏色比較白，以前的小米有這兩種。先是把小米樁打成粉狀，然後把打過的小米浸到桶子裡，等到小米軟了之後，再放到 kulu luan 裡面，接著再把小米糕放到 yuqu 甕裡，大概這麼大（用手比出大小），最後是和 tgla 混在一起攪拌。tgla 就是他們釀酒用的酒麴，濾酒過的小米就是 sabak 殘渣，把它們混攪在一起才會有小米酒；中間還要曬，它必須是乾的才能釀。我的母親是把它們放到圓形淺底的 bluhing（簸箕）裡揉擠攪拌，以前如果是下雨的天氣，他們會把酒麴放在三角灶上面懸掛的架子上，等到它乾了之後，他們要再釀酒時，會取來混入新煮熟打成的小米糕（hlama），釀製小米酒。它就是拿來做小米酒的材料，以前是這樣釀酒的，他們以前都有 tbaqa（釀酒的甕、竹器）。就像那個杯子的形狀，比較大一點，到上面的開口比較小，之後他們把它蓋住，一個禮拜的時間不能打開，如果打開的話，就不能釀成酒（naqix sinaw）。有一次，他們剛做完釀酒的過程之後，隔天早上的小米酒很甜，就跟砂糖一樣的甜，當時是隔天的下午，我記得那時候是夏天，大人都上山去了，我哥哥打開了酒甕，他也很注意看酒甕綁的封口，大人是怎麼綁的，他也順著綁的順序打開。他打開了之後，用鳳梨罐大小的竹杯舀起小米酒，直接喝了起來，我哥哥告訴我說：「這個小米酒好甜啊！」他每一次都是在隔天的時候偷喝，有時候會喝到兩杯。哥哥舀起來之後，很快的再把甕口順著原來的樣子綁回去，因為開封久了，釀的小米酒會壞掉。重綁之後，大人們都沒有發覺酒甕被開過的事情，打開舀酒出來時，必須很快再綁回原來的樣子，如果打開的時間很久，小米酒會壞掉，這就是以前的生活情形。釀酒大約是一個禮

拜，等到我父親從山上回來，大約是傍晚的時候，我的父親就會打開來喝了。這就是我以前的生活經驗。(註七)

本則敘述銅門部落釀酒的情形：

(一)獵人上山狩獵，家中的妻子就開始釀酒，獵人回來時，酒即釀成。

(二)當獵人狩獵回來，會灑一些酒對祖靈念祭禱詞。

(三)把釀過酒的小米渣壓擠晾乾，就成為下次釀酒用的酒麴（tgla）。

(四)釀酒先樁小米搗成糕，混入酒麴一起攪拌，放入盛具。要加入煮過變溫涼的水，即可釀造成酒。

(五)報導者林秀枝女士還敘述她哥哥偷喝酒的趣事。

二一、水源部落釀酒

採錄者：陳溫蕙美

口述者：吳阿雲

在祭拜的時候會有很多好吃的食物，都是山上的東西，有的殺雞，有的殺豬，那個時候要吃的食物很多。男人上山打獵的時候，家中的人會在家裡釀小米酒，我自己也看過他們釀酒的樣子。那是有一種釀酒的時候積在酒槽裡的殘渣（kasi），酒喝完後，他們再把它拿出來曬乾，下一次再釀酒的時候，再把它煮熟後跟新做的和在一起放進去釀酒。這就是釀酒原料（sapuh sinaw 即酒麴），會使釀酒有酒味的原料，把上一次剩下來的酒渣，拿出來再做新的酒。(註七)

　　本則敘述酒麴的製作，就是把酒渣（kasi）曬乾，即成酒麴，就是製酒發酵的原料。

註釋

註一：王玫瑰總編輯《移動的記憶（三）：太魯閣族部落史及家鄉資源調查成果冊》，花蓮秀林鄉公所，2015年12月，頁27。

註二：田貴芳《太魯閣人：耆老百年回憶——男性篇》，台北，翰蘆圖書出版公司，2014年10月，頁156。

註三：張致遠〈花蓮泰雅之旅〉，《野外》167期，1983年1月，頁52。

註四：王玫瑰總編輯《移動的記憶（四）：太魯閣族部落史及家鄉資源調查成果冊》，花蓮秀林鄉公所，2015年12月，頁53。

註五：王玫瑰總編輯《移動的記憶（二）：太魯閣族部落史及家鄉資源調查成果冊》，花蓮秀林鄉公所，2015年12月，頁110。

註六：同註五，頁68-69。

註七：同註五。

太魯閣族喪葬的故事

第十九章

一、看到靈火是凶兆

採錄者：田哲益

採錄時間：2019 年 10 月 3 日

採錄地點：花蓮縣秀林鄉水源部落

口述者：賴金枝（82 歲），太魯閣群

在墳墓裡看到靈火是凶兆，看到的人可能會有不幸的事情發生，或是家中有人死亡，或是諸事不順暢，生活受到許多障礙，所以族人忌諱看到靈火。

本則傳說謂太魯閣族人忌諱看到靈火，否則家中會有凶事發生。在墳墓裡，大白天常會看到有紫色、紅色或紫紅色的火焰，這就是所謂的「靈火」。據說靈火是人的屍骨因為熱曬而發出的。

二、室內葬與室外葬

採錄者：田哲益

採錄時間：2019 年 10 月 3 日

採錄地點：花蓮縣秀林鄉水源部落

口述者：賴金枝（82 歲），太魯閣群

古代的人死後，採行室內葬，族人認為人死後，靈魂不會滅亡，所以就會把死者埋葬在屋內，認為死後的長輩還會繼續照顧活著的家

人。至於在野外意外死亡者,認為不祥,因此葬於野外,採行室外葬。被敵人出草者也不許室內葬。

太魯閣族有靈魂不滅之說,「善死」者埋葬於室內,其魂靈還會繼續照顧家人的生活;「惡死」者則行室外葬。

三、室內葬

採錄者:田哲益
採錄時間:2019 年 10 月 3 日
採錄地點:花蓮縣秀林鄉水源部落
口述者:賴天文(62 歲),太魯閣群

以前的人家中有人死亡,死者是埋葬在室內的,埋葬在床鋪底下,這是古代的傳統習俗。日本人來了之後,認為這樣很不衛生,就強迫族人行室外葬,至今都已經是室外葬了,並且一個部落都設置有公共墓地,大家都在此地埋葬親屬。

古代喪葬是行室內葬,日治時期強迫施行室外葬至今。

四、埋葬習俗

採錄者：田哲益

採錄時間：2019年10月4日

採錄地點：花蓮縣秀林鄉景美村加灣部落

口述者：林忠信（62歲），太魯閣群

　　以前的人親屬死亡是埋葬在室內的，在床下挖一墓墳，死者蹲坐其上，日本時代後才開始推行「室外葬」。我的父親過世時，出殯棺木離開家裡，家人在後面撒鹽巴，可能是「一路好走」的意思。傳說有時死者「死不瞑目」，有一隻眼睛張開著不願意閉上，這是不吉利的；「手變僵硬」不好換上壽服等。據說要跟死者溝通，死者是會聽的。有時棺木變得很重很重，也許是死者不願意離開家，好好跟他溝通，他也是會聽的。

　　本則是古代太魯閣族人的埋葬習俗：

（一）古代的人親屬死亡是埋葬在室內床下的，死者是採取蹲坐姿勢。

（二）日治時期後才開始推行「室外葬」，一直到現在都是室外葬。

（三）報導人父親過世時，出殯棺木離開家裡，家人就在後面撒鹽巴，可能是「一路好走」的意思。

（四）傳說死者有一隻眼睛張開著不願意閉上，這是不吉利的，是「死不瞑目」的意思。要跟死者說：「你放心，請你一路好走」，他是會聽的，再幫他閉上眼睛，眼睛就闔上了。

（五）死者的「手變僵硬」，不能夠換上衣服，也要跟死者溝通，死者也

萬榮鄉立納骨堂　　　　　　　　太魯閣族人持靈魂不滅說

是會聽的。

(六)抬棺出殯時，突然棺木變得很重很重，這是死者不願意離開家，
　　也要好好跟他溝通，他也是會聽的。

五、室內葬

採錄者：田哲益

採錄時間：2019年10月4日

採錄地點：花蓮縣秀林鄉富世村可樂部落

口述者：詹秋貴（70歲），太魯閣群

　　以前本族人是實施室內葬，尤其是這個家的建造者，例如：爺爺、
奶奶等輩分，他們死後就埋在室內，族人認為他們的靈魂會永遠守護這
個家。墓穴上鋪上石板，讓人知道這裡就是埋葬先人的地方。

　　本則敘述古代室內葬實施的情形，尤其是家屋的建造者更要埋在室內。逝者的靈魂會永遠守護這個家，是持靈魂不滅說的。墓穴上方要鋪上石板以為標示。

六、室外葬

採錄者：田哲益
採錄時間：2019年10月4日
採錄地點：花蓮縣秀林鄉富世村可樂部落
口述者：詹秋貴（70歲），太魯閣群

　　一般實施室外葬，是在野外意外死亡者，也就是惡死。用草蓆隨便包起來就地埋葬，葬地也沒有特別的記號或標誌，久而久之，草長了，變成了森林，再也不知葬於何地。

　　這是古代太魯閣族人實施室外葬的情形，惡死的狀況包括墜崖、爬樹跌死、溺水、被動物咬死、自殺、被殺、被敵人馘首等。這些都是不正常死亡，不可以埋葬在室內，而是在野地裡隨便埋葬，久而久之就不知道埋葬在哪裡了。

七、逝者埋於屋內

採錄者：張致遠

採錄地點：花蓮市碧雲山莊

口述者：廖守臣

資料來源：張致遠〈花蓮泰雅之旅〉

....

　　老祖父那一代以前的人過世，是以布疋包裹屍體，將手足屈於胸前，作蹲踞狀，連同佩刀、煙斗一同埋在屋內地底下。假使屋內埋葬的先人客滿時，這個家就廢棄遷移，成為永久的墳場。（註一）

　　這是一則室內葬方式與室內葬滿棄屋的故事：

(一) 室內葬埋葬方式是「以布疋包裹屍體，將手足屈於胸前，作蹲踞狀」。

(二) 埋葬死者的陪葬品是死者生前的東西，例如：佩刀、煙斗等。

(三) 當屋室內埋葬先人已經客滿的時候，就廢棄這個家，遷移新址重新建造新屋。

(四) 舊屋則成為永久的墳場。

八、靈魂不滅

採錄者：田哲益

採錄時間：2019年10月3日

採錄地點：花蓮縣秀林鄉水源部落

口述者：賴天文（62歲），太魯閣群

....

　　太魯閣族人死後還要經過一道彩虹橋，能通過走到對岸者，祖靈親戚朋友等都在那裡迎接，祖靈居住的地方是個快樂的伊甸園，在那裡繼續過著靈界的幸福生活，永遠不再死亡，永世萬年。

　　太魯閣族人死後，通過彩虹橋到達祖靈居地，過著快樂的靈界生活，「永遠不再死亡，永世萬年」。

註釋

註一：張致遠〈花蓮泰雅之旅〉，《野外》167期，1983年1月，頁52。

太魯閣族彩虹橋的故事

第二十章

一、彩虹橋的故事

採錄者：田哲益

採錄時間：2019 年 10 月 3 日

採錄地點：花蓮縣秀林鄉水源部落

口述者：賴金枝（82 歲），太魯閣群

　　太魯閣族人死後，每個人必須要經過最後的一個關卡，就是通過美麗的彩虹橋，彩虹橋的彼岸是祖靈（祖先）的居地，已經過世的祖父母、爸爸、媽媽、兄弟姊妹、親戚朋友等，都在彼岸等候著他們的子孫、孩子、朋友等。祖靈的居地是一個幸福美滿快樂的地方，就像西方伊甸園、天堂一樣。所以太魯閣族人一生的奮鬥與勤勞，就是希望死後可以通過前往「祖靈之居」，過著死後幸福快樂的靈界生活。但是不是每一個族人都能夠過關，走過彩虹橋去與祖靈會見，只有勤勞、遵循祖訓、心地善良的人，才會邁向彩虹橋彼岸光明的前程。如果是在世上懶惰、不遵守祖訓、欺負善良的人、欺詐、說大話的人，都不會給他通過彩虹橋。而且要通過彩虹橋最先決的條件，必須是紋過面的族人，「紋面」是族人的象徵與標誌。沒有紋面的人，不可以通過彩虹橋，因為他不是太魯閣族人的孩子。族人對於彩虹非常尊敬，看到彩虹，不可以用手指著彩虹，否則手指會斷掉。

　　彩虹橋或稱祖靈橋的傳說是深植太魯閣族人內心深處的故事，族人對於祖靈的信奉與遵守祖訓，都與彩虹橋有關，太魯閣族人一生的追求，就是希望死後可以前往「祖靈之居」與祖先們相聚：

(一)一個人死後要經過彩虹橋接受檢驗。

(二)彩虹橋的彼岸是祖靈居住的地方，那裡是伊甸園的世界。

(三)只有一生遵守祖訓的人才能與祖靈相聚，一生中不遵祖訓的人，則不能到達祖靈居地與祖靈相聚。

(四)沒有紋面的人也不能通過彩虹橋，因為他不是太魯閣族人。

(五)族人很尊敬彩虹，禁忌用手指著彩虹，否則手指會斷掉。

二、善人與惡人走過彩虹橋

採錄者：田哲益

採錄時間：2019年10月3日

採錄地點：花蓮縣秀林鄉水源部落

口述者：賴天文（62歲），太魯閣群

太魯閣族人相信人死後還要通過最後一道關卡，就是走彩虹橋（祖靈橋），能夠順利走到盡頭的，就是進入了「祖靈之地」，過世的親友都在那裡迎接，祖靈之居是一個幸福快樂的靈界，沒有通過考驗的走到半路就會從橋上掉落，成為遊蕩的孤魂野鬼。有一種說法是彩虹橋的形式有兩種，一種是完整型的彩虹橋，另一種是只有一半型的彩虹橋。完整型的彩虹橋是給在世間嚴守祖靈訓示的人過的橋，一半型的彩虹橋是給非善類的人過的橋，他走到一半就會掉落下去，此後過著如地獄般的靈界生活。

本則故事敘述：

彩虹橋是人死後必須經過的地方　　　　通過審驗的亡靈才能到達祖靈居地

（一）善人走彩虹橋可以順利走到盡頭「祖靈之地」，與過世的親友相聚。

（二）惡人只走到一半就會從橋上掉落下去，成為遊蕩的孤魂野鬼。

（三）完整型的彩虹橋是給善人過的。

（四）一半型的彩虹橋是給惡人過的。

三、祖靈（彩虹）之橋

　　每一個人死後，都必須通過一座彩虹橋（Hongu utux），沒有任何一個人能夠任意地越過此橋，因為在橋頭的地方有祖靈日夜鎮守把關，無人能越雷池一步。把關者的任務就是要審斷你在世上一切的行為與心機。這一座雄偉的彩虹橋，高而壯觀的幾乎與天界頂端接觸，而且非常亮麗的高掛天空猶如弧型的弓箭一般。彩虹之橋的深淵底下有一條怒濤澎湃的大河穿越其中，大河裡面布滿了窮兇惡極的鱷魚和巨蟒生存著。

　　那座彩虹橋的起點，有一棟等待著審斷人們生前邪惡與善良行為的房屋。審判者的身分是由已經死亡的人擔任，死亡者的靈魂全都是過去在人世間良善正義的人。凡要前往永生靈界的人，經過這裡一看便知

道他們究竟是善男或者善女，如果是良善的，他們就毫不猶豫地讓他們通過彩虹橋。若有讓審判官覺得可疑的人，預先在欲通過的亡靈手指塗上炭灰，然後試著擦掉，凡是不會脫落者即是良善的人，那麼就讓他們沿著彩虹橋，飛向人生的終極，永生的靈界之鄉。反過來說，凡手指上的炭灰脫落了，那判定他是頑劣的人，會讓他們走在彩虹橋的旁邊向著前方前進。彩虹橋的旁邊，充滿荊棘叢和有黏性的草生植物，甚至吸血蟲亦是多到無法估算，凡是經過那條路線的人，都要忍受荊棘的刮傷及黏草的沾附，更甚者無數吸血蟲吸取血液將會使你皮膚慘白痛苦不已。

有些人在行進路途中撲倒在地面奄奄一息，要想達到永生靈界的境地，是何等的艱難，大多數是不能如願的。還有一些人，雖然已經被拒絕通過彩虹橋，但是強人所難的說：「讓我也通過彩虹橋吧！」想像的到這些必定邪惡不赦的人。審判官半推半就勉為其難答應他們的要求，然後牽引著他們走上彩虹橋，到了橋的中間時，順手把他們推入橋下，只見鱷魚與巨蟒已經在河中等待多時，準備要懲罰他們了。

本則故事要述如下：

(一)每一個人死後，都會經過一座彩虹橋。

(二)橋頭有已逝的、公正的祖靈日夜鎮守把關，無人能越雷池一步。

(三)把關者要審判來者亡靈在世上的一切作為。

(四)彩虹橋的深淵裡面布滿了窮兇惡極的鱷魚和巨蟒。

(五)善男善女可以通過彩虹橋前往永生靈界。

(六)把關的審判官對於亡靈覺其可疑者，會在其手指塗上炭灰，然後試著擦拭，不會脫落者即是良善的亡靈，可以讓其通過彩虹橋。

(七)凡手指上的炭灰脫落了，即是頑劣的惡人，不會讓他走過彩虹橋。

（八）惡人則讓他們走在彩虹橋的旁邊，這是一條荊棘之路，還有黏性的草生植物及很多吸血蟲。惡人要歷經荊棘的刮傷及黏草的沾附和吸血蟲吸取血液。

（九）有些頑劣的惡人，一定要通過彩虹橋，讓把關的審判官甚是為難，就讓惡人上彩虹橋，走到彩虹橋中間的時候，就把惡人推入橋下，兇惡的鱷魚與巨蟒已經在那裡等待多時，準備要行刑懲罰。

四、靈魂橋

　　人死之後，他的靈魂一定都要通過靈魂橋，就是靈魂走過的橋。當人的靈魂要經過靈魂橋時，橋頭會有祖靈守護著，準備要檢查人的手。男人如果是一個擅於狩獵或曾經砍過很多人頭的英雄，則他的雙手會留有紅色的血痕；而女人如果精於織布的話，雙手也會長滿厚厚的繭。因此，只有擅獵能織的紋面男女，才能通過檢查，順利走過靈魂橋與歷代祖靈在一起。至於沒有通過的人，則會掉到橋下，被橋下的一隻大螃蟹所吞噬。（參劉育玲，2001，《台灣賽德克族口傳故事研究》，花蓮師範學院民間文學研究所碩士論文）（註一）

　　本則故事要述如下：

（一）人死之後，他的靈魂一定都要通過靈魂橋。

（二）靈魂橋有祖靈守護著。

（三）守護的祖靈會檢查亡靈的手。

（四）擅於狩獵及獵過敵首的男人，雙手會有紅色的血痕，可以走過靈魂橋與歷代祖靈相聚。

（五）女人精於織布，雙手會長滿厚厚的繭，可以走過靈魂橋與歷代祖
　　靈相聚。

（六）沒有通過檢驗的亡靈，會掉到靈魂橋下，被大螃蟹所吞噬。

五、彩虹橋

採錄者：陳溫蕙美、伍惠華

採錄時間：2007年4月9日

採錄地點：花蓮縣秀林鄉文蘭村

口述者：陳阿有（82歲）

....

　　Hakaw utux（彩虹橋），老人家說人死去會經過那座橋，老人家是
這麼說的。（註二）

　　本則敘述人死後會經過彩虹橋，接受祖靈的檢驗，能夠通過者才
能夠與逝去的祖先重逢相聚。

　　紋面文化大師田貴實說：「我們在太魯閣族部落都會流行講說，我
們走都會經過彩虹的另外那一端。彩虹有三種顏色，要搞清楚。我不曉
得是哪三種，但是我可以很區分的就是說，底層的跟中間的還有跟外圍
的三種，底下的是比較短、中間的是稍微長，外圍是更長。所以說，
如果有紋面的都會通過最下一層的那個地方，因為下一層比較短，所接
近的祖靈也比較近，所以祖靈就在下一層那邊等他們。所以如果你沒有
紋面的話，你會通過外圍那個地方，最長的不知道什麼時候才會到，甚
至於就是說你還沒到的時候從中間就掉下來了。這個是我們一直流傳下

來的，我們沒有說要去天堂，也沒有說要去地獄。經過彩虹到祖靈在那邊接我們到一個美麗伊甸園。我們的話彩虹叫做 Hakaoutux。Hakao 是橋，utux 是祖靈。所以我們通常到太魯閣族部落，你看到彩虹，你跟我們的族人講 Hakaoutux。」（註三）

田貴實老師又說：「在太魯閣族的美麗傳說中，彩虹的那一端，是生命的另一個故鄉，每一個太魯閣族人在世間的生命消失後，都會回到彩虹的那一端，那是永恆的生命之鄉。」（註四）

註釋

註一：林明勳〈太魯閣族及賽德克族（陶賽群與木瓜群）文化〉，康培德總編輯《續修花蓮縣誌：文化篇》，花蓮縣文化局，2006 年 6 月，頁 170。

註二：王玫瑰總編輯《移動的記憶（二）：太魯閣族部落史及家鄉資源調查成果冊》，花蓮秀林鄉公所，2015 年 12 月，頁 30。

註三：〈責任與榮耀寫在臉上未完的故事——把最古老的文化放入最先進的科技：專訪泰雅紋面文化研究者田貴實〉，《台灣原住民季刊》。

註四：田貴實〈紋烙下的美麗與哀愁——巴幹巫民〉，《源》23 期，1999 年 9/10 月，頁 6。

太魯閣族星星、月亮、彩虹的故事

第二一章

一、看到流星為凶

採錄者：田哲益

採錄時間：2019 年 10 月 3 日

採錄地點：花蓮縣秀林鄉水源部落

口述者：賴天文（62 歲），太魯閣群

古人認為看到流星是不吉利的事情，尤其是遇到非常快速閃過就消失了，行事更要特別謹慎小心，可能家中或部落裡會有重大事情發生。

古人看到流星就會感到不安，以為可能要發生大事情了，所以行事要特別謹慎小心。

二、星星判吉凶

採錄者：田哲益

採錄時間：2019 年 10 月 3 日

採錄地點：花蓮縣秀林鄉水源部落

口述者：賴金枝（82 歲），太魯閣群

常常在天空中看到流星，如果是在很遙遠的地方，看到很小的流星，劃過天際，這不會造成看到的人家族的不幸或不安全。如果看到的流星就在頭上，而且是明亮異常，從眼前快速飛過，則是不幸的預兆，可能家中會有人喪亡。

本則是太魯閣族人對於星象的觀察所獲致的經驗知識，認為：「如果看到的流星就在頭上，而且是明亮異常，從眼前快速飛過，則是不幸的預兆，可能家中會有人喪亡」。

三、射月亮

採錄者：鐵米拿葳依

採錄時間：1998年4月5日

採錄地點：花蓮秀林鄉富世村

口述者：葉阿好

....

我們說兩個月亮不是兩個太陽的故事。Truku人說：「為何總是白天？」所以他們就去射月，去時路程遙遠，就在途中種植橘子。前往去射下一個月亮，後來只剩一個月亮了。他們回程時，以前所種植的橘子，正值結果時節，可以吃了。他們回到部落時，年紀都大了，並且身軀佝僂。以上是我們的祖先說的話，你們也有同樣的故事嗎？賽德克族人說是兩個太陽的，而不是兩個月亮。(註一)

本則故事也很特別，與一般的說法不同，一般都說天上有兩個太陽，大地總是白晝，本傳說則說因為天上有兩個月亮，所以大地永遠是白晝，所以他們決定去射一個月亮。

要去射月亮的地方路途遙遠，完成了射月的壯舉，他們來時路上種植的橘子，都已經結實纍纍，壯士們也都已經老邁。

彩虹橋是通往祖靈居地必經之橋

古代太魯閣族人以星星判吉凶

四、彩虹的禁忌

採錄者：田哲益

採錄時間：2019年10月4日

採錄地點：花蓮縣秀林鄉富世村可樂部落

口述者：詹秋貴（70歲），太魯閣群

　　彩虹橋（祖靈橋）是太魯閣族人死後要通往祖靈居地的橋樑，族人非常尊敬彩虹，也產生了一些禁忌信仰。自孩童起即被長輩教育和薰陶，看到天上的彩虹，絕對不可以用手指著彩虹，否則手指會彎曲，永遠不能伸直了，走路會經常跌倒等。

　　本則敘述：

（一）彩虹橋（祖靈橋）是太魯閣族人死後要通往祖靈居地的橋樑。

（二）對於彩虹，族人產生了一些禁忌信仰。

（三）看到天上的彩虹，絕對不可以用手指著彩虹。

（四）違反禁忌用手指著彩虹，手指會彎曲，再也不能伸直了。

（五）違反禁忌用手指著彩虹，走路會經常跌倒。

註釋

註一：鐵米拿葳依《賽德克族口述傳統文化故事（第一集）》，2009年4月，頁51。

太魯閣族地震、雷、颱風的故事

第二二章

一、地震的故事

採錄者：田哲益

採錄時間：2019年10月3日

採錄地點：花蓮縣秀林鄉水源部落

口述者：賴金枝（82歲），太魯閣群

....

　　日本時代，我曾經親眼看到過一次很大的地震，部落的傳統木屋有許多都倒塌了，種植的梨子樹也都左右搖晃，斷的斷、倒的倒，也有許多人受傷，這是我在部落看到最嚴重的地震。

　　這是一則回憶性的故事，敘述報導人經歷過的地震經歷。

二、地震

採錄者：田哲益

採錄時間：2019年10月3日

採錄地點：花蓮縣秀林鄉水源部落

口述者：賴天文（62歲），太魯閣群

....

　　以前的人也很怕地震，因為會天崩地裂，住屋會倒塌，而且地震的發生是不能夠事先知道的，所以是很危險的；就連所養的家禽、家畜也都會坐立不安，有的甚至逃離了圈籬，可見地震令人畜不安與恐懼。

地震是不可預知的災難，所以是非常危險的，人畜都會感到不安與恐懼。

三、雷的故事

採錄者：田哲益

採錄時間：2019年10月3日

採錄地點：花蓮縣秀林鄉水源部落

口述者：賴金枝（82歲），太魯閣群

以前有許多人被天上的「雷」打死，人被雷擊，整個人都變得黑黑的。聽說「雷」也不會隨便雷擊，它只針對壞心腸的人雷擊，所以如果你是好心腸的人，就不用擔心會被雷擊打到。這是我聽老人家講的真實故事。

本則傳說謂「雷擊」是上天的懲罰，被雷擊到的是壞心腸的人，所以好心腸的人不會被雷擊。

四、不遵祖訓被雷擊

採錄者：田哲益

採錄時間：2019年10月3日

採錄地點：花蓮縣秀林鄉水源部落

口述者：賴天文（62歲），太魯閣群

　　古人在山上工作的時候，如果遇到下大雨打雷的時候，會馬上躲進草屋裡，停止一切的工作。族人認為「打雷」是不好的，它會打死人，尤其找尋心地不良的人雷擊，所以族人很害怕天「打雷」，遇到打雷，會趕快到安全的地方避起來。但是老人家說，如果你是遵守祖訓的人，也就是遵守 gaya，就不會發生被雷擊的不幸事情。以前被雷擊的事件是很多的。

　　族人認為打雷是不吉的，因為雷會打死人，但是它只會雷擊心地不良、不遵守祖訓的人。

五、颱風

採錄者：田哲益

採錄時間：2019 年 10 月 4 日

採錄地點：花蓮縣秀林鄉景美村加灣部落

口述者：林忠信（62 歲），太魯閣群

太魯閣族人擅長製作刀械

太魯閣族人是天生的獵人

　　颱風來之前會吹熱風，聰明的祖先建造住屋，繩索是用藤條綁敷，因此具有彈性，還可以抵擋颱風來襲。

　　本則敘述太魯閣族人聰明與智慧，傳統建造的住屋，是用藤條綁敷的，因此具有彈性，還可以抵擋颱風來襲。

六、颱風草

採錄者：田哲益
採錄時間：2019年10月4日
採錄地點：花蓮縣秀林鄉富世村可樂部落
口述者：田貴芳（73歲），太魯閣群

　　山上有許多野生的颱風草，傳說可以預測颱風，看颱風草的背面有幾條橫紋，就能知道今年會有幾次颱風。不過這種傳說漢族也有，是否為漢族傳入的傳說也說不定。

　　本則敘述颱風草，可以預測今年颱風的次數。

太魯閣族狩獵與儀式的故事

第二三章

一、射箭高手

採錄者：田哲益

採錄時間：2019 年 10 月 3 日

採錄地點：花蓮縣秀林鄉水源部落

口述者：賴金枝（82 歲），太魯閣群

從前有一位獵人，他是一位射箭高手，他發現了在四處陡壁的懸崖有一隻山羊，但是距離非常遙遠，他一直瞄準了很久，終於把箭射出去了，結果一箭中的，他射中了那隻山羊。可是他要怎麼去取獲獵物呢？他隨著地勢起伏，迂迴曲折的到達了獵物的地方，把山羊用獵袋揹回家。這是古代神射手的故事。

這是一則古代神射手的故事，他在非常遙遠的地方射擊山羊，結果射中了。

二、狩獵的禁忌

採錄者：田哲益

採錄時間：2019 年 10 月 3 日

採錄地點：花蓮縣秀林鄉水源部落

口述者：賴金枝（82 歲），太魯閣群

以前太魯閣族獵人及家人有很多狩獵的禁忌，必須遵守，因為這

是關乎獵人及家人的安全。獵人準備要去狩獵或放置陷阱鐵夾子等，就要開始遵行禁忌。例如：一家人要保持和睦相處，行事保持安靜，絕對不可以吵架、不可以惡言惡語、不可以鬧事等，否則上山狩獵，不會抓到野獸，將空手而回，甚至生命安全受到威脅。

太魯閣族人狩獵也有許多禁忌信仰必須遵守，遵守禁忌是關乎獵人及家人的安全和獵獲，遵守的禁忌包括「一家人要保持和睦相處，行事保持安靜，絕對不可以吵架、不可以惡言惡語、不可以鬧事等」。

三、狩獵祭山靈

採錄者：田哲益

採錄時間：2019年10月3日

採錄地點：花蓮縣秀林鄉水源部落

口述者：賴天文（62歲），太魯閣群

太魯閣族獵人在出發前往獵場之前，要先祭拜山靈，以檳榔和少許的肉祭拜，還要禱祝順利平安獵獲多，一直到現在，這種儀式，仍然被獵人們繼續執行與實踐。

這是太魯閣族獵人上山狩獵的儀式，祭拜山靈才能獲得獵物與行事順遂平安，祭拜儀式是以檳榔和少許的肉祭拜。

四、山豬很兇

採錄者：田哲益

採錄時間：2019年10月3日

採錄地點：花蓮縣秀林鄉水源部落

口述者：賴金枝（82歲），太魯閣群

....

　　狩獵時最怕的是很兇的山豬，有時山豬會把獵人用嘴推向懸崖，真的是很危險的野獸，我父親的腿就曾經被山豬咬過，後來變成了跛腳。那次他到獵場去看陷阱有沒有抓到野獸，結果陷阱抓到了一隻大山豬，因為他只有一個人去，無人幫忙他制伏這隻大山豬，他的腿就被山豬咬的很嚴重。他也沒辦法將山豬揹回家，就下山請其他獵人幫忙把山豬揹回到部落。這是我父親狩獵的故事。

　　獵人上山狩獵其實是很危險的，必須克服艱難的地形，也要留意危險兇狠的野獸攻擊。

五、放置陷阱的時節

採錄者：田哲益

採錄時間：2019年10月4日

採錄地點：花蓮縣秀林鄉富世村可樂部落

口述者：詹秋貴（70歲），太魯閣群

....

　　獵人放陷阱的時節，大部分多在秋冬的時節，陷阱捕獲的獵物比較不會腐爛，能夠保持新鮮。夏天則比較少放陷阱，因為野獸容易腐爛，會浪費野獸的資源。春天則甚少放陷阱，因為正值動物的繁殖期。

　　本則故事敘述獵人放置陷阱捕抓野獸，不是全年都抓，是有一定的節期，深具環保意識，要述如下：

（一）獵人在獵場設置陷阱的時節，大部分多在秋冬時節。

（二）夏天設置陷阱，獵獲物容易腐爛，所以很少設置陷阱。

（三）春天因為正值動物的繁殖期，所以極少設置陷阱。

六、太魯閣族的陷阱

採錄者：田哲益

採錄時間：2019 年 10 月 4 日

採錄地點：花蓮縣秀林鄉景美村加灣部落

口述者：林忠信（62 歲），太魯閣群

......

　　太魯閣族的陷阱有套腳陷阱、套脖陷阱、石頭陷阱等三種。古代是以麻繩製作，後來有了鋼索，才用了鋼索。套腳陷阱是抓山豬、山羊、山羌、山鹿、猴子等野獸。套脖陷阱是抓山豬、山羊、山羌、猴子等動物，但是抓猴子不容易，牠會把套脖陷阱掀開。古代用麻繩製作套腳陷阱、套脖陷阱的時候，有時候麻繩會斷掉，動物就脫身跑掉了，傳說這與 gaya（禁忌）有關，例如：上山狩獵前不能有男女關係。

本則敘述太魯閣族傳統製作的陷阱，要述如下：

（一）太魯閣族的陷阱有套腳陷阱、套脖陷阱、石頭陷阱等三種。

（二）古代的套腳陷阱和套脖陷阱是用麻繩製作。

（三）現在有了鋼索，就用鋼索製作套腳陷阱和套脖陷阱，比較耐用，
　　　野獸絕少逃掉。

（四）石頭陷阱是用石頭製作的重壓陷阱。

（五）麻繩陷阱相對於鋼索陷阱，比較不耐用，容易斷掉。

（六）設置的陷阱讓野獸脫身逃掉了，傳說與 gaya（禁忌）有關，例如：
　　　上山狩獵前不能有男女關係等。

七、狩獵倫理的維護

採錄者：田哲益

採錄時間：2019年10月4日

採錄地點：花蓮縣秀林鄉景美村加灣部落

口述者：林忠信（62歲），太魯閣群

太魯閣族人狩獵有時節的限制，也是一種動物保育的實踐者。獵
人大都從九月起的秋冬時期才會上山狩獵，此時節放置陷阱，可以一個
禮拜巡視一次，捕獲的動物還可以吃。夏天則最多三天就要去巡視一遍
陷阱了，否則野獸將腐爛不能吃食，這是非常浪費自然資源的。春天也
很少去打獵放陷阱捕抓野獸。

本則敘述太魯閣族獵人狩獵的時間有一定的節期與限制，自古以來太魯閣族人就是動物保育的實踐者。

八、蒼蠅報訊

採錄者：田哲益

採錄時間：2019年10月4日

採錄地點：花蓮縣秀林鄉景美村加灣部落

口述者：林忠信（62歲），太魯閣群

───────────────────────────

有一種蒼蠅是專門向獵人報告好消息的，這種蒼蠅是大蒼蠅，是藍色的。每當它出現在獵人的眼前，獵人就知道在獵場上放置的陷阱，已經捕獲了野獸。但是如果出現數隻這種大蒼蠅，則不是來報訊的，只有一隻在獵人眼前飛翔繞圈才是來報喜的。

這是一則蒼蠅報好訊息的故事，這種大蒼蠅，是藍色的。太魯閣族獵人看到大蒼蠅，就知道是來報告山上設置的陷阱已經捕獲獵物，甫上山去巡視，果然抓到了野獸，而且屢試不爽。按布農族獵人也有看到藍色大蒼蠅在眼前飛翔，是陷阱捕抓到了獵物的說法。

九、陷阱的材料

採錄者：田哲益

採錄時間：2019 年 10 月 4 日

採錄地點：花蓮縣秀林鄉景美村布拉旦部落

口述者：余榮光（54 歲），太魯閣群

獵人製作陷阱以捕抓獵物，古今製作的材料不太一樣，效果與器物保存的時間也不太一樣。

古代的陷阱材料如下：

以麻絲製作：這是比較普遍性製作陷阱的材料。

以藤條製作：用藤條製作陷阱比較少，但還是有人使用。

以石頭製作：是屬於重壓陷阱。

現代的陷阱是用鋼絲來製作，強度自然比傳統的還要堅韌，腳或脖子被套住的野獸，不易掙脫。傳統的麻與藤條有時會斷裂，野獸容易掙脫。鋼絲陷阱能夠保存長久，傳統陷阱受到雨水的浸潤則容易腐爛。所以現在已經很少使用傳統材料製作陷阱，唯有石頭重壓陷阱至今仍然繼續使用。

本則是太魯閣族製作陷阱，從古至今的演進史。傳統的麻絲、藤條製作的陷阱，已經被現代的鋼絲所取代。但是石頭重壓陷阱至今仍然繼續使用。

十、狩獵的時期

採錄者：田哲益

採錄時間：2019 年 10 月 4 日

採錄地點：花蓮縣秀林鄉景美村布拉旦部落

口述者：李金花（52 歲），太魯閣群

太魯閣族人打獵有一定的時候，不是整年都在打獵，夏天和春天甚少打獵，只有秋天和冬天是最為活躍的季節。春天是動物的孕期，所以不打獵，等幼獸長大了才會去打獵。

本則敘述太魯閣族獵人不狩獵懷孕的野獸，也不獵捕幼獸，具有高度的動物環保意識。

十一、陷阱抓不到野獸

採錄者：田哲益

採錄時間：2019 年 10 月 4 日

採錄地點：花蓮縣秀林鄉景美村加灣部落

口述者：林忠信（62 歲），太魯閣群

如果有三位獵人一起到山上放陷阱捕抓野獸，其後三人中有一人過世了，陷阱捕抓到的野獸會全部脫掉跑走，這是死者把獵物全部都帶走了。這種情況要全部把陷阱鐵夾等全部收回，再重新安置，才會又抓

到獵物。

這是一則多人設置陷阱的故事：

（一）三人一起到山上放置陷阱，回部落後有一人過世了。

（二）這時候在獵場上陷阱捕抓到的野獸會全部脫掉跑走，這是死者把
　　　獵物全部都帶走了。

（三）這種情形的解決辦法就是要把陷阱鐵夾等全部先收回，再重新換
　　　位置設置。

（四）如果沒有重新安置先前設置的陷阱，絕對不會抓到獵物。

十二、狩獵野外求生之道

採錄者：田哲益

採錄時間：2019 年 10 月 4 日

採錄地點：花蓮縣秀林鄉景美村加灣部落

口述者：林忠信（62 歲），太魯閣群

到海拔高的地方狩獵，野外求生是很重要的，到達定點，一定要
先取火，否則會凍死。當我們還在路途行進中，身體的熱量還不至於消
失，但是休息了以後，身體就會慢慢降溫，這是很危險的，所以要先取
火。在高海拔地區煮飯不容易煮熟，祖父告訴我：「要先把水煮沸，再
把米放入鍋裡煮，這樣飯就可以煮熟了，一般在平地的煮法是不會煮熟
的。」另外，原住民的獵人在山上是沒有指北針的，如果不幸迷路了，
可以找尋溪水，跟著溪水下山，就可以找到回家的路了。

這是一則太魯閣族獵人在獵場上野外求生技巧的經驗：

（一）到達定點或狩獵小屋的時候，一定要先取火，否則會凍死。

（二）在高海拔地區煮飯，「要先把水煮沸，再把米放入鍋裡煮，這樣飯就可以煮熟了」。

（三）如果不幸迷路了，找不到正確的方位，可以找尋溪水，跟著溪水下山，就可以找到回家的路了。

十三、狩獵無獲的徵兆

採錄者：田哲益

採錄時間：2019年10月4日

採錄地點：花蓮縣秀林鄉景美村加灣部落

口述者：林忠信（62歲），太魯閣群

....

獵人在狩獵途中踢到石子，不會有收穫；忘記攜帶狩獵的器物，即使返家去取，也不會射中野獸；狩獵前與妻子吵架也不會捕到野獸。

這是一則獵人上山狩獵不會有收穫的故事：

（一）獵人在狩獵途中踢到石子，不會有獵獲。

（二）忘記攜帶狩獵的器物，不會有獵獲。

（三）狩獵前與妻子吵架也不會有獵獲。

十四、狩獵未獲的藉口

採錄者：田哲益

採錄時間：2019 年 10 月 4 日

採錄地點：花蓮縣秀林鄉景美村加灣部落

口述者：李秀美（60 歲），太魯閣群

....

　　獵人上山狩獵或放陷阱，經常未獲獵物，就會責怪妻子「有外遇」，作為「未獲獵物」的藉口，以保留自己的面子，害得妻子既無辜又無奈。事實上這只不過是一種幻想，並不是真實，罵過妻子後，就開始會捕獲獵物了。

　　這是一則獵人經常無所獵獲而使用的特別招式──責怪妻子「有外遇」。其實不是事實，罵過妻子後，就開始會捕獲獵物了，真是怪招。

十五、狩獵的禁忌

採錄者：田哲益

採錄時間：2019 年 10 月 4 日

採錄地點：花蓮縣秀林鄉富世村可樂部落

口述者：詹秋貴（70 歲），太魯閣群

....

　　狩獵活動是原住民高尚的經濟活動，具有高超的環保意識，對於保育野生動物早已行之數千年，真是令人佩服其原始的智慧。獵人取之

自然的野生食物，夠吃即可，絕對不會濫殺；懷孕的母獸也不會捕殺，幼獸更不會獵殺，會等待其成為大獸才會獵捕，所以數千年來動物的資源才會源源不絕。

這是一則原住民數千年來的狩獵文化禁忌，也是野獸資源綿延的原因：

（一）肉類蛋白夠吃即可，絕對不會濫殺。

（二）不獵殺懷孕的母獸。

（三）不獵殺幼獸。

十六、狩獵的隱語

採錄者：田哲益

採錄時間：2019年10月4日

採錄地點：花蓮縣秀林鄉富世村可樂部落

口述者：詹秋貴（70歲），太魯閣群

以前獵人上山狩獵及放陷阱，有很多禁忌必須徹底實行，也有許多「隱語」，也就是隱晦的話，說白話一點就是不直接稱呼之意。動物也是有靈性的，牠也能感應人類的語言與行為，所以講話要講動物聽不懂的語言，例如：若說「去打獵」，動物聽到了就全都逃走了，所以不能說「去打獵」；要說「去走走」，讓動物聽不懂，這就是「隱語」。古人也善於運用暗示法，例如：家裡沒山肉吃了，太太不能直接跟丈夫說：「家中沒有野獸肉可以吃了。」要說：「我們的小孩子沒有肉吃

了。」丈夫聽了，馬上知道該上山狩獵了。若說「野獸肉」，山上的動物馬上逃之夭夭，若說「肉」，牠們聽不懂，獵人上山就可以獵獲了。狩獵的隱語，以不能直接稱呼為原則。

太魯閣族人狩獵行事，「動物也是有靈性的，牠也能感應人類的語言與行為，所以講話要講動物聽不懂的語言」，所以有許多情況下必須使用「隱語」或暗示。這種隱語也是一種族語的語言藝術。「隱語」最簡單的解釋就是「說別人聽不懂的話，而暗有所指」：

(一)動物是有靈性的，獵人上山狩獵不能說「要去打獵」，要說「要去走走」或「要去看看」。如果說「要去打獵」，動物聽到了就全都逃走了。所以忌諱小孩子說錯話，如果有人問起父親去了哪裡？不可以回答：「去山上打獵了」；要說「去山上走走看看」，這樣才會獵到野獸。

(二)妻子看到家裡沒有山肉吃了，要說：「我們的小孩子沒有肉吃了」。丈夫聽了，馬上就知道要上山狩獵了。太太不能直接跟丈夫說：「家中沒有野獸肉可以吃了」，這樣山上的動物馬上逃之夭夭，當然就狩獵不獲。

(三)欲使丈夫上山狩獵，要說「去拿肉」，山上的野獸聽不懂，獵人上山就可以有所獲了。

十七、禁忌拜訪狩獵者之家

採錄者：陳溫蕙美

採錄時間：2007 年 5 月 1 日

採錄地點：花蓮縣秀林鄉文蘭村

口述者：杜秀春（84歲）

．．．

　　我父親常去打獵，都是和兄弟一起，二到三個人去。上山打獵的時間，有時是一個月，要帶下山的獸肉，他們會在山上先燻烤乾再揹下山。他們上山放好陷阱會先回家，差不多是四天的時間；父親如果做好夢，隔天自己就會上山狩獵，不會交代我們。有些上山打獵的族人，男的會在家門前用竹子擋蔽，族人就會知道，這個時間是不行到這家作客的。（註一）

　　這是一則禁忌拜訪狩獵者之家的故事：

(一) 獵人在獵場有所捕獲，會先把獸肉烤乾，再揹回部落。

(二) 獵人前往狩獵，這個家不能與他家交往，他們也會在家門前用竹子擋蔽，以阻止他人進入自己的家中，這是禁忌。

十八、獵獲物共享

採錄者：陳溫蕙美

1|2

1. 太魯閣族人擅於狩獵
2. 太魯閣族狩獵主要武器是槍和弓箭

採錄時間：2008年6月8日

採錄地點：花蓮縣秀林鄉富世村

口述者：徐阿金

我父親常去打獵，打獵前他會先殺雞 powda。第一次是上山放 waya，第二次上山是看有沒有 tjiyal，有的話就會揹回家，他們都很高興，婦女就會煮地瓜，準備一些小米酒，男的會殺捕獲的獵物。煮熟後，大家一起享用，過去是沒有碗筷的，我們都是用手吃東西，喝湯時是有用木頭做的 kayu（湯匙）一起用。男人出去打獵時，女人都是在家工作。(註二)

本則敘述：

（一）打獵前先行殺雞儀式。

（二）過去的獵物是大家一起享用，充滿共享主義。

十九、狩獵 powda 獻祭儀式

採錄者：陳溫蕙美

採錄時間：2008年6月25日

採錄地點：花蓮縣秀林鄉富世村

口述者：秦阿月

上山打獵需要 powda，其實說真的，用 beru babuy（小豬）才好，還有就是 rudux（雞），nda beru babuy ka miyah ki ka mhnu ka baga na。（用小豬供祭，打獵的時候比較容易獵獲、順手）。他們打獵所攜帶的

獵具有 buniq、kasir、wana 很多種。他們的獵區在很遠的深山裡，也會在那裡 towka（過夜），隔天就會去看他們設下的陷阱有沒有 tjiyar，如果有 tjiyar，他們就會揹下山回家了。男人上山打獵時，女人就在家裡工作、帶小孩，還要準備他們下山後，回到家所要迎接他們的食物，如小糯米糕、小米酒等。（註三）

狩獵 powda 獻祭儀式，主要的犧牲是小豬和雞，丈夫上山打獵，妻子則在家耕作和照顧小孩，還有準備丈夫狩獵歸來的食物糯米糕、小米酒等。

二十、狩獵 powda 獻祭儀式

採錄者：陳溫蕙美、伍惠華
採錄時間：2007 年 4 月 9 日
採錄地點：花蓮縣秀林鄉文蘭村
口述者：陳阿有（82 歲）

我們祖先開墾土地是不會 powda，只有去山上打獵的前一天會 tmsamat，用雞或鴨 Powda，狩獵一定 powda，他們是用小豬、鴨來 powda；雞是不行的，代表獵物會飛走的意思，鴨的話就不一樣，一定會獵到獵物。（註四）

本則敘述古代狩獵一定 powda，獻祭是用小豬和鴨。文蘭村是用鴨，有些地方則是用雞。

二一、狩獵 powda 獻祭儀式

採錄者：陳溫蕙美、伍惠華

採錄時間：2007 年 4 月 11 日

採錄地點：花蓮縣秀林鄉文蘭村

口述者：古昇（67 歲）

....

　　我年輕的時候，會上山打獵，上山的時候會帶的食物是米（buwax），在山上是沒有蔬菜的，我們是吃獵到的 samat（獸肉）與 mala（野菜），還要帶 waya（陷阱的器具）和 puniq（獵槍）。獵槍是哥哥的，我是跟著二哥（古正安）一起去打獵。剛開始狩獵是要修路、放陷阱，時間大概是七到九天，會先回家，之後再上山看陷阱裡有沒有獵物，只有修路、放陷阱的時間比較慢。上山打獵前，我們會抓一隻紅頭鴨 powda（狩獵儀式），如果不這樣做，會獵不到獵物的，現在老一輩傳承下來的 powda 仍然持續著。（註五）

　　本則敘述「路是人走出來的」，上山狩獵，其實有很多時候是在整修獵路，好讓前往獵場設置陷阱的地方，平順好走，人員也安全。報導者古昇提到他們的狩獵儀式是用一隻紅頭鴨祭獻，至今還是持續著這種儀式。

二二、狩獵 powda 獻祭儀式

採錄者：陳溫蕙美、伍惠華

採錄時間：2007年4月12日

採錄地點：花蓮縣秀林鄉文蘭村

口述者：陳子生（66歲）

　　我以前十五歲的時候，就跟著父親一起上山打獵（maduk），打獵的技術一定是自己父親教的，我上山打獵都是自己一個人去，不會跟著別人去，就是這樣。打獵前要 smapuh（醫療），powda（狩獵祈求儀式）是用雞、小豬、鴨，這是打獵前要做的 gaya，這個儀式是老人家傳下來的，我們到現在還是會這樣做的，意思是我們養的動物（雞）給祖靈（utux）吃，請祖先賜予我們山上的動物，也就是跟祖先等值交換（priyux ta）的意思。野獸是 tmbgan utux（祖靈養的動物），我們用我們養的動物，宰殺的時候要講話：「這一隻是賜給祢吃的，給我們最古老最根本的祖先吃，祢養的動物（指野獸）就要給我吃。」這就是人和祖靈交換的意思。(註六)

　　本則故事敘述狩獵祈求儀式 powda（獻祭儀式）的意義：

(一)報導者陳子生先生說狩獵最初的知識與技巧，都是父親傳授的。

(二)打獵前要做獻祭祖靈儀式，用雞、小豬、鴨等獻祭給祖靈。

(三)祭禱詞要說：「我把我們養的雞、小豬、鴨等獻祭給祖靈吃，祖靈養的野獸也給我們吃」。

(四)所以狩獵 powda（獻祭儀式）是人和祖靈溝通交換的意思。這樣祖靈才會賜予野獸給族人吃。

二三、狩獵祭

採錄者：陳溫蕙美

採錄時間：2008年6月8日

採錄地點：花蓮縣秀林鄉富世村

口述者：高來富

　　他們打獵前會有一段 powda，如果是上山打獵，他們會抓一隻雞來獻祭（spuhun），他們在祭的時候會有一段祭詞（rmngaw），就是用 Truku 的話來說（或者是說：對 Truku 的祖先說話）。我的父親會說：「ana kkuy, ida moda hey kana ka uda mu hey da。」他的祭詞裡就是在講他一定會獵到山肉，這些野獸自己會跑到他的陷阱裡面，他講完之後，接著就是 qmesul，把雞肝、雞腳、雞肉等擰一點下來，然後說：「給你，我祭給你吃（nni qlalay su），ana manu kaka keuy, ida meyah kana.（所有的野獸都會來）。」然後就 puy 的一聲，就是這樣的過程。（註七）

　　這是一則獵人上山狩獵之前 powda 向祖靈祭禱的故事。獵人上山打獵 powda 祭獻儀式，是以一隻雞來祭祀祖靈。報導者父親的祭禱如下：「所有的動物，就連小小的動物都會跑到設置好的陷阱裡頭」。就是祈求陷阱都能夠捕獲野獸，無一虛發的意思。接著把雞肝、雞腳、雞肉等擰一點下來，然後說：「給你，我祭給你吃，所有的野獸都會來」。最後 puy 的一聲結束 powda 祭獻儀式。

二四、狩獵意外

採錄者：田貴芳

採錄時間：2003 年 2 月 28 日

採錄地點：花蓮縣秀林鄉和平村

口述者：林阿緞

想起父親 Wacih Lowking（瓦基羅金），我很傷心，因為在我 9 歲時，父親上山狩獵意外而死，因我父親那時上山正要捕獵台灣熊，反倒被兇猛的熊攻擊我父親，也正要吃我父親，因此與熊雙雙跌入山谷。我們家人聽到這壞消息，哀慟不已。(註八)

太魯閣族人是禁忌獵殺熊的，獵熊反被熊殺或報復者，傳說中屢有所聞。

二五、狩獵禁忌

採錄者：Tunux Wasi 等

採錄時間：2015 年 7 月 17 日

採錄地點：花蓮縣秀林鄉和平村

口述者：吳進福

打獵的禁忌是夫妻吵架的時候，不能去打獵；男女不能亂來，這是 gaya（規範），這個到現在還是如此。家裡的男女夫妻不能吵架，女人

不能碰觸獵具，小孩子不能從獵具前面經過，否則就不會長大。

本則故事是有關狩獵的禁忌信仰，要述如下：

（一）夫妻吵架是打獵禁忌，不能去。

（二）男女有亂來之事，禁忌去打獵。

（三）女人不能碰觸獵具。

（四）小孩子不能從獵具前面經過，否則就不會長大。

二六、內臟卜占

採錄者：田哲益

採錄時間：2019年10月4日

採錄地點：花蓮縣秀林鄉景美村加灣部落

口述者：林忠信（62歲），太魯閣群

獵人將山上的野獸揹回到家裡，就開始燒毛除毛，然後剖開取出內臟，如果拉出內臟、腸等，發出很大的拉撕聲，即卜出山上的陷阱又捕抓到野獸了。我百試不爽，第二天再去山上巡視，結果又捕抓到野獸。

本則故事敘述太魯閣族獵人把獸毛火燒處理後，取出野獸的內臟，是用拉的，把肝、肺、腸等，整個一起拉出來，如果「發出很大的拉撕聲，即卜出山上的陷阱又捕抓到野獸了」。

二七、狩獵牲祭

採錄者：陳溫蕙美、伍惠華

採錄地點：花蓮縣秀林鄉景美村

口述者：陳傳送

⋯⋯⋯⋯⋯⋯⋯⋯⋯⋯⋯⋯⋯⋯⋯⋯⋯⋯⋯⋯⋯⋯⋯⋯⋯⋯⋯⋯⋯⋯⋯⋯⋯⋯⋯

　　上山打獵前，一定要 powda，會用鴨、雞或豬 powda gaya。gaya truku（太魯閣族人的習俗）是必須要做的儀式。(註九)

　　本則敘述狩獵前一定要做 powda 儀式，用鴨、雞或豬為祭。

二八、丈夫狩獵妻子要安分守己

採錄者：陳溫蕙美

採錄地點：花蓮縣秀林鄉佳民村

口述者：游春美

⋯⋯⋯⋯⋯⋯⋯⋯⋯⋯⋯⋯⋯⋯⋯⋯⋯⋯⋯⋯⋯⋯⋯⋯⋯⋯⋯⋯⋯⋯⋯⋯⋯⋯⋯

　　男人上山打獵時，都會 powda（做儀式），女人在家裡是不行亂跑，不可以 miying snaw（找別的男人），這是以前最大的禁忌（pgaya）。(註十)

　　本則敘述丈夫上山狩獵，妻子一定要安分守己，妻子亂來是狩獵最大的禁忌。

二九、狩獵無獲也不能口出惡言

採錄者：田哲益

採錄時間：2019年10月4日

採錄地點：花蓮縣秀林鄉富世村可樂部落

口述者：詹秋貴（70歲），太魯閣群

上山打獵的時候，如果沒有獵獲到任何野獸，還是要平常心，不能夠說出不好聽的話，就是不要說壞話（氣憤話）。這是打獵的 gaya（習俗、規矩）。

本則敘述獵人無獵獲，也不能因氣憤而口出惡言。

三十、狩獵不可以太貪心

傳說獵人上山狩獵，不可以太貪心，否則會被山豬咬，獵人都嚴守規範。

本則敘述狩獵不可以太貪心，否則會被山豬咬。

三一、狩獵的 gaya

採錄者：Tunux Wasi 等
採錄地點：花蓮縣秀林鄉佳民村
口述者：盧阿雪

　　狩獵的 gaya 很多，一定要把家裡都弄好，也不能有逾矩的事，而且出門前都要先拜拜（Smapuh），通常都是殺豬來祭拜，以前狩獵的時候沒有鴨子，都是在家裡先拜拜（Smapuh），這樣路程才會順利。把血放在獵具上面，這樣才會捕獲想要的東西，而且狩獵前不能有爭執，這樣會打不到獵物，這是我爸媽告訴我的。有一次我爸爸去打獵時只抓到一隻猴子，我媽媽在笑我爸爸，我爸很生氣。如果我媽媽生氣的話，就不會抓到獵物了，妻子不能亂講話。（註十一）

　　本則故事敘述：
（一）家裡有人上山狩獵時，必須遵行的 gaya（規範）很多，不能逾矩。
（二）出門狩獵前要先舉行牲祭，如此路上才會順利安全。
（三）把祭祀犧牲的血塗抹在獵具上，才會捕抓到獵物。
（四）狩獵前不能有爭執，否則會狩獵不到野獸。
（五）獵人的妻子也要謹言慎行。

三二、狩獵禁忌

採錄者：陳溫蕙美、伍惠華

採錄地點：花蓮縣秀林鄉景美村

口述者：田秋蘭

....

　　上山打獵是非常重視 gaya（禁忌），上山打獵時，不能經過獵人的前面、不能笑、不能放屁，如果犯了，就會被老人家打，就像現在的一些有社會地位的人，不能隨便笑。（註十二）

　　本則故事敘述：以前獵人上山狩獵時，不可以從獵人的前面經過，不能笑也不能放屁，這些都是禁忌。

三三、狩獵儀式的變遷

採錄者：陳溫蕙美

採錄地點：花蓮縣秀林鄉景美村

口述者：王明美

....

　　我的父親會上山打獵，不過不像現在的人常常去抓山上的野獸。以前上山打獵都要做 powda 的儀式，他們用鴨蛋、小雞做儀式。不過現在已經都信教了，所以後來他就沒有再做這些儀式了。（註十三）

　　本則故事敘述：

（一）狩獵前要做 powda 的儀式，用鴨蛋、小雞做儀式。

（二）現在由於已經信仰基督教和天主教，所以就沒有再做 powda 儀式了。

按現代狩獵前的儀式，就是祈禱天主保佑，祈請賜福、順利安全。

三四、狩獵儀式與請祖靈喝酒

採錄者：Tunu Wasi 等

採錄地點：花蓮縣秀林鄉景美村

口述者：林重慶

⋯⋯⋯⋯⋯⋯⋯⋯⋯⋯⋯⋯⋯⋯⋯⋯⋯⋯⋯⋯⋯⋯⋯⋯⋯⋯⋯⋯⋯⋯⋯

以前打獵的 gaya，我跟長輩去打獵的時候，事前要先準備架子跟鐵線（製作陷阱），然後先殺鴨並祈福（Smapuh），用手沾鴨血放在鐵線上面，煮好那些以前，他們會先把竹杯內的酒，灑在地上給 Utux 喝，嘴巴會祈祝著請祖靈跟鬼神喝。以前 Truku 的 gaya 非常的嚴格，男孩子一定要非常會打獵。（註十四）

本則故事敘述：

狩獵前要先舉行牲祭儀式，還要請祖靈跟鬼神喝酒。古代男子一定要擅長狩獵，才能獲得肉類蛋白的食物。

註釋

註一：王玫瑰總編輯《移動的記憶（二）：太魯閣族部落史及家鄉資源調查成果冊》，花蓮秀林鄉
　　　公所，2015 年 12 月，頁 37。

註二：王玫瑰總編輯《移動的記憶（四）：太魯閣族部落史及家鄉資源調查成果冊》，花蓮秀林鄉
　　　公所，2015 年 12 月，頁 53。

註三：同註二，頁 55。

註四：同註一，頁 29。

註五：同註一，頁 31-32。

註六：同註一，頁 33-34。

註七：同註二，頁 48。

註八：同註二，頁 99。

註九：王玫瑰總編輯《移動的記憶（三）：太魯閣族部落史及家鄉資源調查成果冊》，花蓮秀林鄉
　　　公所，2015 年 12 月，頁 69。

註十：同註九，頁 32。

註十一：同註九，頁 37。

註十二：同註九，頁 61。

註十三：同註九，頁 71。

註十四：同註九，頁 75。

太魯閣族鳥占的故事

第二四章

一、狩獵占卜鳥的徵兆

採錄者：田哲益

採錄時間：2019年10月4日

採錄地點：花蓮縣秀林鄉富世村可樂部落

口述者：詹秋貴（70歲），太魯閣群

....

　　獵人上山狩獵，會看 sisil 鳥（繡眼畫眉類）做為行事依止，傳說聽
到該鳥的叫聲很聒噪，則此趟狩獵活動不會很順利，不會獲得獵物，也
可能會有人受傷，所以獵人都會停止狩獵，返回家中，以策安全。古代
狩獵多為團體狩獵，每一個家族都有固定的獵區，不得逾越，否則會發
生爭執。

　　本則故事要述如下：

（一）sisil 鳥是獵人狩獵行事的依止。

（二）獵人於狩獵途中，聽到 sisil 鳥的叫聲很聒噪不清晰，不會獲得獵
　　　物，甚至可能會有人受傷。

（三）獵人聽到 sisil 鳥不吉利的叫聲，都會停止繼續狩獵，返回家中，以
　　　策安全。

（四）古代每一個家族都有固定的獵區，不得逾越，否則會發生爭執。

二、畫眉鳥的獵獲徵候

採錄者：田哲益

採錄時間：2019年10月4日

採錄地點：花蓮縣秀林鄉景美村加灣部落

口述者：林忠信（62歲），太魯閣群

....

　　小時候跟隨祖父到天祥一帶狩獵，看到有一群畫眉鳥從山上往下方飛來，祖父說：「打到了！」果然我們在山上打到了獵物。祖父還告訴我說：「一群畫眉鳥自山下往山上飛，這是打不到獵物的徵兆。」又：「有一群畫眉鳥自山上往山下飛，也有一群畫眉鳥同時自山下往山上飛，這也是沒有獵獲的徵兆。」

　　本則是以畫眉鳥的飛向作為狩獵有無收穫的徵兆與預測：

（一）一群畫眉鳥從山上往下方飛來，是有獵獲的徵兆。

（二）一群畫眉鳥自山下往山上飛，這是沒有獵獲的徵兆。

（三）一群畫眉鳥往山下飛，另一群往山上飛，這是沒有獵獲的徵兆。

三、sisil 鳥占

採錄者：田哲益
採錄時間：2019年10月3日
採錄地點：花蓮縣秀林鄉水源部落
口述者：賴金枝（82歲），太魯閣群

....

　　有一種鳥叫做 sisil，牠是我們族人的占卜鳥，我們會根據牠來判斷行事的準則。無論是上山工作，或前往獵場狩獵放置陷阱捕抓野獸，都要注意 sisil 鳥的暗示，並且遵行之。如果 sisil 鳥在路上從前面飛越橫過，就表示牠阻止族人繼續前進，並且要立即返家休息，今天才會度過凶險，保證平安。如果勉強上山工作，可能會發生刀傷、墜崖等意外事情。勉強上山狩獵，或去巡視陷阱有無抓到獵物，非但一無所獲，而且可能發生槍枝走火、被熊攻擊等意外事情。所以古代族人都很注意 sisil 占卜鳥的暗示與禁忌。

　　古代的人會以 sisil 鳥做為行事的依據與指導，所以非常重視 sisil 鳥的暗示。sisil 鳥在路上從前面飛越橫過，是阻止前進，不可以貿然繼續前進，否則會發生凶事。

四、狩獵鳥占

採錄者：田哲益

採錄時間：2019年10月3日

採錄地點：花蓮縣秀林鄉水源部落

口述者：賴天文（62歲），太魯閣群

．．

　　當獵人出發狩獵，在路途上遇到有一群鳥在頭上針對獵人啼叫，這是暗示會有獵獲物；如果是一群鳥在獵人背後，針對獵人的屁股啼叫，兆示狩獵一無所獲。

　　這是一則用鳥叫的方位判斷有無獵獲的鳥占法，鳥在獵人頭上啼叫，兆示會有獵獲物；鳥在獵人的屁股啼叫，兆示一無所獲。亦即「前尊後卑」的意識概念。

太魯閣族婦女家居生活

傳統太魯閣族人以小米為主食

五、鳥兆示吉凶

採錄者：田哲益
採錄時間：2019年10月4日
採錄地點：花蓮縣秀林鄉富世村可樂部落
口述者：詹秋貴（70歲），太魯閣群

　　有一種鳥是做為狩獵、上山工作的兆示，這種鳥的名字，我已經記不起來了。這種鳥群起從左邊飛向右邊，鳥的叫聲很淒涼恐怖，這時候要禁止上山狩獵，勉強入山也不會有所獲；也不可以繼續前往山上工作，否則會不吉利。如果這種鳥群起從左邊向右飛行，鳥叫聲很悅耳動聽，這是吉利的徵兆。

　　從前有一種鳥是專門兆示吉凶的：

(一) 這種專門兆示吉凶的鳥，群起從左邊飛向右邊，鳥的叫聲很淒涼恐怖，是凶兆。

(二) 鳥群起從左邊向右飛行，鳥叫聲很悅耳動聽，這是吉利的徵兆。

(三) 凶兆禁忌上山狩獵，不會有所獲。

(四) 凶兆禁忌山上工作，否則會有不吉利的事情發生。

六、狩獵和鳥占

採錄時間：2015年7月17日
採錄地點：花蓮縣秀林鄉和平村
口述者：吳進福

　　打獵都是在天氣冷的時候，炎熱的時候不會去打獵。他們是用嘴巴唸，祭祀祖先就是 smapuh（醫療），聲音很小。Sisil 是要看飛行的方向，像是右邊的運氣好，到了山上如果是在右邊是表示好運。如果遇到有蒼蠅飛過，是大大的那種，表示有打到獵物。（註一）

　　本則敘述：
（一）太魯閣族人到獵場狩獵，大都在天候涼爽的秋冬時期。
（二）出發狩獵前，要舉行祭祀祖靈的儀式。
（三）Sisil 鳥從右邊飛向左邊，是好的、吉利的徵兆。

七、sisil 鳥占

採錄地點：花蓮縣秀林鄉銅門村
口述者：林秀枝

　　qmita sisil 可能是左邊還是右邊，如果牠左邊這個方向鳴叫，就代表好運。比如我們從這一條路往前走，在我們的左邊是好的，如果另外一隻在另外一邊鳴叫，那是不好的，代表不能上山，意思好像是鳥在打

架一樣。鳥一路上都在同一邊鳴叫，那是好的預兆。我父親非常遵循這個習俗（pgaya），以前他出去之後，如果鳥在左邊鳴叫，他認為是好現象，再往上走一段落，兩邊都有鳥在互相鳴叫，這種情況就不能上山了。我父親說這種情形有時候會發生跌倒的事情，我的父親認為這是不好的現象，所以他就回到家裡。我的母親看到他們回到家裡，詢問他們為什麼回來了呢？我的父親就說：「不是啦！因為 sisil 的預兆不好（naqih pnsisil）所以我們就回來了。」他們當天也就沒有去揹野獸回來。（註二）

本則傳說故事敘述：

（一）如果 sisil 鳥在左邊鳴叫是吉利的現象，可以繼續上山狩獵。

（二）如果 sisil 鳥在右邊鳴叫是不吉利的現象，不可以繼續上山狩獵。

（三）左右兩邊都有 sisil 鳥在鳴叫是不吉利的，這種情況就不能上山了。

這種情況可能會發生意外，如跌倒、墜崖的事情。

（四）sisil 鳥一路上都在左邊鳴叫，那是好的預兆。

不過以 sisil 鳥鳴叫的方位判定吉凶，每個獵人都有不同的說法與遵循。有的說右邊是吉利的，左邊是不吉利的。

八、sisil 鳥在右邊為吉

採錄者：Tunux Wasi 等

採錄地點：花蓮縣秀林鄉景美村

口述者：林重慶

以前要去打獵，我們要去看陷阱的時候，如果 sisil 鳥一直跟著右

邊，那代表上去的話會有獵物被抓到，如果 sisil 鳥一直在左邊，不止打不到獵物，也會發生危險。(註三)

本則敘述 sisil 鳥的占卜方法：

(一) sisil 鳥一直跟在獵人的右邊，表示好的徵兆，陷阱會抓到野獸。

(二) 如果 sisil 占卜鳥一直跟在獵人的左邊，即表示不吉利，不只是無獵獲，路途上可能會發生危險。所以要停止狩獵活動，立即返家。

賽德克族人的方位觀，有許多是以「右」為尊、以「左」為卑；以「上」為尊、以「下」為卑。

註釋

註一：王玫瑰總編輯《移動的記憶（四）：太魯閣族部落史及家鄉資源調查成果冊》，花蓮秀林鄉公所，2015年12月，頁95。

註二：王玫瑰總編輯《移動的記憶（二）：太魯閣族部落史及家鄉資源調查成果冊》，花蓮秀林鄉公所，2015年12月，頁70。

註三：王玫瑰總編輯《移動的記憶（三）：太魯閣族部落史及家鄉資源調查成果冊》，花蓮秀林鄉公所，2015年12月，頁76。

太魯閣族夢占的故事

第二五章

一、夢占死兆

採錄者：田哲益

採錄時間：2019年10月3日

採錄地點：花蓮縣秀林鄉水源部落

口述者：賴金枝（82歲），太魯閣群

....

　　這是聽以前的人說的，是有關夢到東西掉落水中的故事。如果睡覺的時候夢到「水」，自己的東西物品掉進水裡，又沒辦法取回來，可能家中最近會死一個人。這是我聽說的。

　　這是一則夢占解夢的故事，夢到東西掉落水中是死兆。

二、夢到險阻不強行去工作

採錄者：田哲益

採錄時間：2019年10月4日

採錄地點：花蓮縣秀林鄉富世村可樂部落

口述者：詹秋貴（70歲），太魯閣群

....

　　晚上睡覺的時候做了一場夢，夢見路途上有樹木倒塌橫在路上，或樹枝、樹葉散落在路上，這個徵兆是暗示不要強行通過，前面的路上可能更加危險。第二天起床，原本預計要前往某地工作，今天最好是休息，在家裡做做家事就可以了，以避免凶險之事發生。

本則敘述：

（一）前一天夜裡夢見路上有樹木、樹葉、樹枝等，橫阻在路上，這是
　　　凶兆。

（二）第二天早上起床，此日最好不要出外狩獵、工作、訪友等。

（三）此日安心待在家裡做一些家事，就可以避免凶險之事發生。

三、狩獵夢占實例

採錄者：田哲益

採錄時間：2019年10月4日

採錄地點：花蓮縣秀林鄉景美村加灣部落

口述者：林忠信（62歲），太魯閣群

　　我從小就開始跟著祖父一起去狩獵、學習狩獵技巧。我的祖父告
訴我夢占的事情，他說在獵場放陷阱，如果夢見：

（一）夢見警察：陷阱會抓到猴子。

（二）夢見女子脫光衣服：陷阱會抓到山羌，但是與女子交媾，則山羌
　　　會脫掉跑走。

（三）夢見水牛：陷阱會抓到山羊。但是不可以夢見牛跑，否則山羊會
　　　脫走。

（四）夢見推土機（挖土機）整地：陷阱會抓到山豬。

　　　對我而言，一直到現在這個卜占都很靈用。

　　這是報導人林忠信傳承其祖父的夢占信仰，至今還是繼續這種占

太魯閣族的美少女

太魯閣族男女舞蹈

夢,百試不爽。按林忠信先生曾是加灣部落的專業獵人。

四、狩獵鳥占與夢占

採錄者:陳溫蕙美、伍惠華

採錄時間:2007年4月3日

採錄地點:花蓮縣秀林鄉文蘭村

口述者:古正安(78歲)

　　我以前上山打獵的路途很遠,打獵的時間大約是在十月到三月,如果是附近的山區就會常去,上山打獵會帶 durang(陷阱的器具)、buwax(米)、putung(火柴)、lumak(香煙)、pucing(山刀),還要帶著 holing(狗),一個都不能少,沿路看到山雞也會打下來。過去打獵前都要 powda(狩獵儀式),都是用鴨子,一定要用公鴨,不用母鴨是因為牠代表沒有力量;雞是很少用的。我們會將鴨血沾到每一個獵具(waya),才可以上山打獵,如果不這樣做會獵不到獵物,這是老人家

傳下來的儀式。

到了獵場，第一次放陷阱也要做儀式，要將煮熟的蛋埋在陷阱之中，埋蛋的陷阱獵物不會靠近，是在它周圍另外的陷阱會獵到。如果一直獵不到，再將陷阱拿掉，重新再做一次儀式。我都是一個人上山打獵，要跟我去的我會帶他們去。沿路上山看到 sisil（占鳥），我們就會停下來，看牠會往什麼方向飛，左邊還是右邊，才會知道該不該往前走。我們不能趕牠走，要牠自己飛走；要是 sisil（占鳥）的數量很多，又在路兩邊互叫，這個時候不能越過牠們，我就會停下來抽煙，等牠們飛走。要是超過牠們，這是非常危險的預兆，這是老人家說的 gaya。sisil（占鳥）只有一隻一直叫不走，這個時候就必須折返，可能家中或是親戚會有人過世。

smpi（占夢）會告訴我們，去打獵會不會獵到獵物，像是夢到很小氣的人，就會空空的回家；夢到很慷慨的人，則會獵到獵物，像我就夢到我在埋葬死去的親友，一定會獵到 bowyak（山豬），每個人夢到的都不太一樣。在山上時間久，會把獵到的獵物燻烤乾，是用木頭燒成紅紅的炭慢慢燻，時間差不多是下午到早上才會燻好。以前有些老人家，是非常重視 gaya，男人上山打獵，女人是不能出門的；我的老人家是不會，比較注重 powda，打獵的儀式都是一樣，拿來作儀式的雞，不能給別人吃，是自己吃的。在山上打獵是不能唱歌，他們非常忌諱，唱歌的話會被打，回到了家才可以唱歌。以前的生活是要自己耕作就有東西吃，住的也是自己做的，不像現在用錢買就會有東西，我們 Truku（太魯閣族人），沒有做生意的頭腦，也沒有本錢。(註一)

本則故事敘說如下：

(一)獵人上山狩獵，所有獵具一定都得準備齊全，例如：陷阱、米、火柴、香煙、獵刀，還要帶著獵狗，缺一不可。

(二)打獵前都要 powda（狩獵儀式），都是用鴨子，一定要用公鴨，因為牠代表有力量，雞是很少用的。

(三)將祭鴨的血沾到每一個獵具上，表示已經祭獻給祖靈，才可以上山打獵，此儀式是祈祝獵獲野獸。

(四)第一次放陷阱也要做儀式，即將煮熟的蛋埋在陷阱之中，埋蛋的陷阱獵物不會靠近，但是其周圍的陷阱會獵抓到。

(五)如果陷阱一直都抓不到獵物，再將陷阱拿掉，重新再做一次儀式。

(六)獵人在沿路上會看到 sisil 鳥（占鳥），不能趕走牠們，要停下來觀察。

(七)要是 sisil 群鳥在路兩邊互叫，此時不能越過牠們，等牠們飛走。要是超過牠們，這是非常危險的預兆。

(八)只有一隻 sisil 鳥，一直叫個不停，也不飛走，獵人必須折返家中，此兆可能家中或是親戚會有人過逝。

(九)夢占，每個人夢到的都不太一樣，也有不同的解夢。

(十)報導者夢占之解夢：例如夢到很小氣的人，就不會獵獲野獸；夢到很慷慨的人，會獵到獵物；夢到在埋葬死去的親友，一定會獵到山豬。

(一一)男人上山打獵，女人在家裡是不能出門的，這是 gaya（規矩）。

(一二)狩獵 powda 儀式，作祭儀式的犧牲「雞」，不能給別人吃，而是自己吃的。

(一三)上山打獵是不能唱歌的，族人非常忌諱。

五、太魯閣族夢占與鳥占

資料來源：瑁瑁・瑪紹〈東賽德克巫醫的孫女〉

     祖母有很多的事都是靠夢占來行事，不然就是看著占卜鳥，祖母的夢占非常的靈驗，如果我的叔叔他們要去打獵，她甚至可以告訴他們有沒有獵到山豬或野獸，如果是惡夢的話，她就會勸他們最好不要出去，如果我叔叔也夢到他們有獵到東西，可是我祖母卻阻止他們上山，那可能是前面的路有不太安全的地方，所以占卜鳥阻止他們走，甚至是有可能會發生厄運。在那樣的社會裡，他們一直蠻遵循我們的夢占，夢占在我們的生活當中，它算是一種牽制，是一種自律，他們並沒有訂所謂的法律來牽制，而是讓我們了解只要這件事情不能做，自己就知道不要去做，所以這個夢占常常在我們生活當中，連我自己現在也常有這種經驗，就像我當初要到台南家專考試的時候，我就夢到過那個地方，當我到達那個學校的時候，我有種似曾相識的感覺，最後果真順利的考上那個學校。（註二）

    本則敘述：

（一）古代太魯閣族的社會，一直都很遵循夢占的暗示。

（二）夢占對於太魯閣族人的生活，是一種牽制，也是一種自律，讓他們知道該做的事情和不該做的事情。

六、瑁瑁‧瑪紹的夢占

資料來源：瑁瑁‧瑪紹〈東賽德克巫醫的孫女〉

....

　　在我就業之後，有一次生病發高燒，那天晚上我夢見祖母帶著兩個巫醫來到我面前，她告訴我要堅強，然後她要我把腳抬起來，她要幫我紋腳，各位都知道我們一般都是紋在臉上的，而女生有頰紋和額紋，於是我說為什麼不紋在臉上呢？祖母說因為我要走的路比別人還要多還要長，這句話讓我隔天想了很久，這不是跟我現在的工作很符合嗎？因為我天天都在跑，我的助理應該很清楚，而且有的時候還要餓肚子，每天就是跑來跑去，三餐也沒有正常吃，都在忙碌當中，我常靜下來想，這樣到底值不值得？但是我肯定現在的工作，而且從來沒有後悔過我所選擇的工作。（註三）

　　這是報導者瑁瑁‧瑪紹夢占的實際例子。

六、狩獵夢占

資料來源：王玫瑰
總編輯《移動的記憶（二）：太魯閣族部落史及家鄉資源調查成果冊》

....

　　銅門村林秀枝口述：我的父親出去打獵是看晚上做的夢（qmitq spi夢占），下雨的時候不會去山上，因為山路很滑，怕會跌倒。如果夢境（malu smpiyan）很好，通常都會獵到很多野獸。他們所說的好夢境，就

是夢到獵人自己抓了一隻雞，還有雞的血，那就表示獵人放的陷阱已經捕捉到野獸了。他們以前對於獵具沒有做任何動作，只有在出發前磨刀，那是在出發前做的，就只有這些，我的母親是去耕作，我只知道這些。（註四）

　　本則是有關於狩獵的夢占：

（一）下雨的時候不會去山上狩獵，因為山路很滑，怕會跌倒。

（二）如果夢境很好，通常都會獵到很多野獸。

（三）獵人夢到抓了一隻雞，還有雞的血，表示獵人放的陷阱已經捕捉到野獸了。

註釋

註一：王玫瑰總編輯《移動的記憶（二）：太魯閣族部落史及家鄉資源調查成果冊》，花蓮秀林鄉公所，2015年12月，頁26。

註二：琩琩・瑪紹〈東賽德克巫醫的孫女〉，《市民講座（三十三）》，台北市立社會教育館，2003年11月，頁50。

註三：同註二，頁51。

註四：同註一，頁70。

太魯閣族徵候與兆示的故事

第二六章

一、貓頭鷹示兆

採錄者：田哲益

採錄時間：2019年10月3日

採錄地點：花蓮縣秀林鄉水源部落

口述者：賴天文（62歲），太魯閣群

....

　　有一種貓頭鷹之類的鳥，是示兆的鳥，傳說牠是 utux（靈魂）派來的。每當牠飛到一家中的樹上啼鳴，就是來提示這一家人生活方面要特別留心注意，可能會發生事情，心裡要有所準備。所以這種鳥飛來自家中啼叫，這家人就開始提心吊膽，謹慎生活。

　　本則敘述貓頭鷹是 utux（靈魂）派來家中之樹來啼鳴示兆的，聽到這種鳥的叫聲，所有的行事就要特別謹慎與小心，以避免凶事降臨身上或家中。

1. 太魯閣族人傳說貓頭鷹是不吉祥的鳥
2. 筆者（左）與民俗學家簡榮聰教授

二、烏鴉是凶鳥

採錄者：田哲益

採錄時間：2019年10月3日

採錄地點：花蓮縣秀林鄉水源部落

口述者：賴天文（62歲），太魯閣群

自古以來，太魯閣族人就對烏鴉沒有什麼好感，認為烏鴉是凶鳥。老人說，如果有一群烏鴉在部落的上空群聚飛翔，部落裡會有人死亡。所以族人很不願意看見烏鴉，往往會招來不祥。

本則敘述看見烏鴉會招來不祥，如果烏鴉在部落的上空群聚飛翔，是死兆，部落裡會有人死亡。

太魯閣族器物與童玩的故事

第二七章

一、竹拍子趕麻雀

採錄者：田哲益

採錄時間：2019年10月3日

採錄地點：花蓮縣秀林鄉水源部落

口述者：賴金枝（82歲），太魯閣群

　　以前族人種植小米，小米是古代的重要食物，但是當小米要接近成熟的時候，麻雀也變得越來越多了，牠們大量啄食小米，讓族人蒙受很大的損失。族人都每天要上山照顧小米田，以防止麻雀飛來啄食。但是奏效不大，小米田的損失還是非常嚴重。後來人們發明了竹拍子，能夠發出巨響，驅趕麻雀有了明顯的效果。到了民國，瓶瓶罐罐也多了，就以之來驅趕麻雀，效果大大增加了，人們的收穫也增產了許多。

　　這是器物的故事，以前的人用竹拍子驅趕小米田內啄食的麻雀，後來用瓶瓶罐罐發出聲響以驅趕麻雀。

二、製作木琴樂器的材料

採錄者：田哲益

採錄時間：2019年10月4日

採錄地點：花蓮縣秀林鄉富世村可樂部落

口述者：詹秋貴（70歲），太魯閣群

太魯閣族製作木琴樂器的材料如鹽膚木、刺蔥、油桶樹等。油桶樹（kabulake）是最佳的材料，是日本時代引進者，為製作木板最好的材料，用以築屋，又輕又耐，也是製作蒸桶的材料。用鹽膚木、刺蔥、油桶樹製作的木琴，發出的樂音各有特色，都很特別。

本則敘述太魯閣族的傳統樂器木琴的材質與音質：

（一）木琴樂器是太魯閣族的傳統樂器。

（二）製作木琴樂器的材料例如鹽膚木、刺蔥、油桶樹等。

（三）油桶樹是最佳的製作木琴的材料，此樹是在日治時期引進。

（四）用鹽膚木、刺蔥、油桶樹製作的木琴，發出的樂音各有特色，都很特別。

三、弓與箭的製作

採錄者：田哲益

採錄時間：2019年10月4日

採錄地點：花蓮縣秀林鄉富世村可樂部落

口述者：詹秋貴（70歲），太魯閣群

從前在山上舊社部落，生長有很多高山箭竹，這是製作「箭」最好的材料。我們現在要舉辦祭儀活動，會使用到弓箭，還是要回到山上去採取，但是要向太魯閣國家公園申請核准，才能夠取到祭儀活動要使用的「箭」。想起來在自己的傳統領域裡，要申請才能取得，真是悲哀呀！「弓」身常用的製作材料，例如：七里香、山葡萄、紅色莢迷木等。

本則敘述弓與箭的製作材料：

（一）高山箭竹是製作「箭」最好的材料。

（二）「弓」的製作材料，例如：七里香、山葡萄、紅色莢迷木等。

四、傳達愛意的竹簧琴

採錄者：田哲益

採錄時間：2019年10月4日

採錄地點：花蓮縣秀林鄉富世村可樂部落

口述者：詹秋貴（70歲），太魯閣群

傳統竹口琴是用桂竹製作的，發出的聲音比較清越，其他竹材效果則沒有那麼好。以前男女的界線是很嚴格的，只有在吹奏竹口琴才有機會表達情意。大致是男生先吹奏給女生聽，女生有心就會意會。甚至也拿出自己的竹口琴吹奏，或搶男生的竹口琴吹奏，就表示也有愛慕之意。以前男生愛慕女生，不能用講的，竹口琴就是示意最好的方法，也是唯一的方法。

可愛的太魯閣族小姑娘立牌

可愛的太魯閣族小男孩立牌

本則敘述竹口琴是男女示情意的媒介：

（一）用桂竹製作的竹口琴，樂聲比他種的竹材清越。

（二）以前太魯閣族男女的界線是很嚴格的，只有在吹奏竹口琴的時候才有機會表達男女之間彼此的情意。

（三）以前男生愛慕女生，不能用講的，很含蓄，竹口琴就是示意最好的方法，也是唯一的方法。

（四）男生先吹奏給女生聽，女生有心就會意會。

（五）女生甚至也拿出自己的竹口琴來吹奏，也表示愛慕。

五、太魯閣族的竹簧琴

採錄者：田哲益

採錄時間：2019年10月4日

採錄地點：花蓮縣秀林鄉富世村可樂部落

口述者：詹秋貴（70歲），太魯閣群

....

自古以來，太魯閣族的樂舞，嚴禁男女牽手，否則會違犯 gaya（倫理道德）。女人都是原地跳，而且是單獨跳；男子的舞蹈都是展現山林生活時粗獷的動作，大都為跳躍、追逐動物的活躍表現。男女對跳，只有竹簧琴舞時才會出現，也只有這支舞才有男女觸腳的小動作。

本則敘述太魯閣族的樂舞：

（一）太魯閣族的傳統樂舞，嚴禁男女牽手。

（二）女人都是原地跳，而且是單獨跳。

（三）男子的舞蹈都為跳躍、追逐動物的活躍表現。

（四）男女對跳只有在竹簧琴舞時才會出現，也只有這支舞才有男女觸
　　　腳的小動作。

六、豬膀胱玩具

採錄者：田哲益

採錄時間：2019年10月4日

採錄地點：花蓮縣秀林鄉景美村加灣部落

口述者：李秀花（60歲），太魯閣群

....

　　以前的人殺豬，就會取出豬的膀胱，洗一洗乾淨，就給孩子當玩
具。把豬膀胱吹氣，就像氣球一樣吹出圓圓的氣球，也可以注入清水變
成水球，小孩子玩水球、丟水球也玩得非常高興。

　　這是敘述古代太魯閣族小孩子玩豬膀胱球的樂趣，對豬膀胱吹氣，
就能吹出圓圓的氣球；將豬膀胱注入清水就變成水球了，小孩子玩水
球、丟水球也玩得非常快樂，笑聲滿場。

七、兒童的傳統玩具

採錄者：田哲益

採錄時間：2019年10月4日

採錄地點：花蓮縣秀林鄉景美村布拉旦部落

口述者：余榮光（54歲），太魯閣群

⋯⋯

　　古代的兒童沒有什麼玩具，不像現代的玩具琳瑯滿目。做父母的必須要製作玩具給兒童玩，但是到了現在，這些製作玩具的技巧已經失傳了，真是可惜。以前的玩具有些是用草葉編起來的，例如：蜻蜓、蟑螂、跳蚤、老鼠等。

　　這是一則父母製作草葉編製的蜻蜓、蟑螂、跳蚤、老鼠等草編玩具給小孩子遊戲的故事，可惜這種編製技藝已經失傳了。

太魯閣族地名的故事

第二八章

一、水源村的地名

採錄者：田哲益

採錄時間：2019 年 10 月 3 日

採錄地點：花蓮縣秀林鄉水源部落

口述者：賴天文（62 歲），太魯閣群

....

　　水源村中文地名的由來，是由於花蓮市的飲用水資源，都是從這個地方引進的，這裡就是水的來源，所以稱為「水源」。以前族人從山上的舊部落遷徙到這裡來，當時這裡有很多菜「paziq」，所以就稱呼這裡為「paziq」，意思是「菜很多的地方」。日本時代，這裡種有許多 sakula（櫻花），所以又稱呼為「sakula」，意思是「種有很多櫻花的地方」。民國後就稱此地為「水源」，太魯閣話是「pusuq-siya」，意思是「源頭」。

　　這是花蓮縣秀林鄉水源村地名的故事，最早稱為「paziq」，意思是「菜很多的地方」；日治時，稱 sakula（櫻花）；民國後稱「水源」。

二、水源村的洪水

採錄者：田哲益

採錄時間：2019 年 10 月 3 日

採錄地點：花蓮縣秀林鄉水源部落

口述者：賴天文（62 歲），太魯閣群

....

四十幾年前，水源部落的溪流，當時還沒有擋土牆，洪水暴漲，造成許多地方坍塌，後來整修水道，流入美崙溪，溪流就正常了。以前本部落的溪流是直接流入海的，當時溪流有很多毛蟹，族人到河溪漁撈，一下子就可以捕抓到許多毛蟹。自從注入美崙溪後，就不是直接注入海中，毛蟹也就沒有了。

水源部落曾經有過洪水氾濫，也造成重大損失，擋土牆築好之後就沒有造成部落的威脅了。這條溪流以前是直通大海的，所以毛蟹很多，現在注入了美崙溪才注入大海，所以毛蟹也沒有了。

三、水源村的歷史

採錄者：陳溫蕙美
採錄地點：花蓮縣秀林鄉水源部落
口述者：邱清江

很早以前，這個地方不是我們族人居住的，是阿美族住的地方，自從 Truku（太魯閣族人）來了之後，因為 Truku 有獵頭的習慣，他們常常獵這裡的阿美族的人頭，所以阿美族就離開這裡，往平地遷移了。以前的情況是這樣子，這裡是阿美族的地方，他們居住的地方有很多的蝸牛（pngusul），後來 Truku 和阿美族開始相互往來，Truku 先是趕走阿美族，然後又跟他們往來，阿美族就撤往對面的平地（指太昌、七腳川社區）。現在這個地方的蝸牛可能是因為氣候和環境的變化原因，在平地上還是可以看到比較小的蝸牛。(註一)

西林村街道

太魯閣族茅草屋

　　本則故事敘述：

（一）水源部落以前是阿美族人住的地方。他們搬到太昌、七腳川社區。

（二）這個地方以前有很多的蝸牛，現在已經比較少見了。

四、秀林村的故事

故事來源：王玫瑰

總編輯《移動的記憶（三）：太魯閣族部落史及家鄉資源調查成果冊》

　　今天的秀林部落以前是一個廣大的森林，遍地長滿芒草的野地，故有許多的草食性野生動物群集覓食，族人發現這些草食野生動物喜歡吃嫩芒草且是個狩獵的好地方，就常來此狩獵，因長滿芒草阻撓不便於行動，被燒過的原野開始又長出綠油油的嫩芒草，「族語稱此為 bsuring 嫩芒草」之意。更發現許多的草食野生動物又群集到此地來吃嫩草，便紛紛到此來打獵，後來只要有人要到這邊打獵，就會告訴別人要到 Bsuring（玻士林）打獵，久而久之這個地方普遍被稱 Bsuring（玻士林）「嫩芒草」之意。（註二）

本則故事說明了秀林部落稱為「玻士林」的典故。「玻士林」之意是「嫩芒草」。此地曾經是族人狩獵的獵場。

五、景美村布拉旦部落故事

採錄者：田哲益
採錄時間：2019年10月4日
採錄地點：花蓮縣秀林鄉景美村布拉旦部落
口述者：余榮光（54歲），太魯閣群

本部落日本時代有日本的軍營，是軍事重地，有日本砲兵的彈藥庫，至今都還留下許多砲陣地、砲架等遺跡。

布拉旦部落在日治時期，曾經是軍事重地，有日本砲兵的彈藥庫和軍營等，至今在部落許多地方都還留下許多砲陣地、砲架等遺跡。

六、景美村布拉旦部落地名的故事

資料來源：太魯閣國家公園《布拉旦》摺頁

（一）Gsilmng Glu：太魯閣語意指「會吞東西的地方」，係指三棧橋南側橋下的深潭，過去此處經常發生溺水的意外，所以布拉旦居民稱為 Gsilmng Glu。

（二）Gsilmng Tabuwan：指位於布拉旦步道中繼處一瞭望台右下方的深

潭，過去日人於此區兩岸都設有燒製木炭的炭窯，炭窯的遺跡已於闢築中美合作水圳時遭到破壞。

（三）Pusu hisyu：太魯閣語意指「水的源頭」，此處為中美合作水圳的取水口，因此居民習慣稱為 Pusu hisyu。

（四）Qrapan Rapit：太魯閣語意指「抓到飛鼠的地方」，位於中美合作水圳取水口處，由於兩岸崖壁陡峭，是飛鼠經常出沒的地方，是昔日居民捕獵飛鼠之處。

（五）Dekiya rungay：太魯閣語意指「猴子睡覺的山」，戰後音譯為「論外山」。

（六）Pratan：太魯閣語意指「山的尖峰」，原是指位於論外山東側山腰處的舊部落，由於當時的居民大多遷徙現址，社區居民仍習慣沿用 Pratan 布拉旦之名。然而現今行政地名稱此地為「三棧」，此一地名係源自清末修築北路時附近有三層河階地，故名之。

　　這則是太魯閣國家公園《布拉旦》摺頁對於布拉旦部落地名的說明。

註釋
註一：王玫瑰總編輯《移動的記憶（二）：太魯閣族部落史及家鄉資源調查成果冊》，花蓮秀林鄉公所，2015年12月，頁112-113。
註二：王玫瑰總編輯《移動的記憶（三）：太魯閣族部落史及家鄉資源調查成果冊》，花蓮秀林鄉公所，2015年12月，頁87。

太魯閣族交際與貿易的故事

第二九章

一、經濟貿易

採錄者：田哲益

採錄時間：2019年10月4日

採錄地點：花蓮縣秀林鄉景美村加灣部落

口述者：李秀美（60歲），太魯閣群

我的娘家在和平部落，以前我的父親都是拿山上的東西與漢人交易。例如：「飛鼠皮」，曬乾、簡易防腐處理就可以賣了，其他「山羊皮」、「山羌皮」等，也都是如是處理；還有採集藤條，剝離出藤皮來，曬乾就可以出售給漢人了，藤皮是用以編製各種編器的。

這是早期和平部落以山產飛鼠皮、山羊皮、山羌皮、藤皮等與漢族交易的故事。

二、銅門村與漢人的交際貿易

採錄者：陳溫蕙美、伍惠華

採錄時間：2007年2月2日、2月15日

採錄地點：花蓮縣秀林鄉銅門村

口述者：陳仁德

我們以前不是從這裡（指銅門）的山上去，我們是從三棧的山區進去，那邊的山區有一條山路，從Kbayan走這一條山路到三棧，就在那

邊買賣物品，這一條交易的路線有 Qicing，神木那邊的 Qlapaw（指中橫公路上的碧綠神木），都是從這裡到三棧買賣。（註一）

　　本則敘述早期太魯閣山區的太魯閣族人是在三棧這個地方，從事經濟貿易。

三、大同部落與日人的交際貿易

採錄者：田貴芳
採錄時間：2003 年 1 月 16 日
採錄地點：花蓮縣秀林鄉銅門村
口述者：許通利

　　Skadang（大同）部落當時約有一百多戶人家，……以前族人與日本人是有交易往來的，日本人很喜歡我們的香蕉，而族人則喜歡日本的 nyqah，交易的時候在船上進行，地點在現今的 Tkijil（達其黎，即今崇德）海邊，因船不能靠岸，所以族人都是用游的過去。族人也會跟日本人買賣槍枝。有一次族人商議要向日本人出草，於是在交易的那天，族人身上藏有 pucing（佩刀），游到船上做假交易，隨即把日本人的頭全都砍下來。過了一些日子，日本人帶了 qungu（炮火），也是假裝要交易，等到族人交易完成游上岸後，就用火砲攻打族人。（註二）

　　本則敘述大同部落太魯閣族人與日本人在今崇德海邊從事經濟貿易，並發生出草事件，不久後，日本人也用火砲攻打族人。自古以來，

雖然是敵對的兩個族，經濟貿易是無時無刻都在進行，是冒著生命危險
進行交易，各取所需。

四、洛韶部落與漢人的交際貿易

採錄者：田貴芳

採錄時間：2003年3月15日

採錄地點：花蓮縣秀林鄉富世村

口述者：張清貴

　　以前母親 Suking Ciwas（蘇金・基瓦斯）對我述說過，從深山山區部
落下來的 Sejiq Truku（賽德克太魯閣族）的許多婦女，因要到山下的 Alang
Paru（新城）部落，買米、鹽巴、及其他家用物資，途經 Psngan（富世）
部落時，被當地的年青族人抓下她們的 pala（麻裙），使得那些婦女下半
身赤裸裸的往部落逃回山區，當時他們嚇得不敢再下山購物。那時 Psngan
年青族人實在太好玩也太壞，多有當地族人調戲女子的情況。（註三）

　　本則是報導者的母親從太魯閣山區到平地新城購買家用物資，遭到
富世村頑皮的年輕男子調戲的故事。

1｜2
1. 太魯閣族織布機件
2. 太魯閣族男子穿耳戴
　 竹管

五、黃金立霧溪

資料來源：林維綉〈東海岸原住民部落之旅──山巒疊翠秀林鄉〉

立霧溪曾是台灣東部有名的黃金河流。傳說中有一條盛產黃金的河流，叫做哆囉滿（Terraboan），但沒有人知道它在什麼地方，有人說，應該是今天的立霧溪。荷蘭人占據台灣三十八年，費了很多時間到東部尋找這條黃金河流，卻始終無法找到傳說中的哆囉滿。（註四）

本則傳說立霧溪是黃金河流，荷蘭人在台灣三十八年，費了很多時間尋找，卻始終無法找到黃金。

六、Duyung（陀優恩）部落與漢人的交際貿易

採錄者：田貴芳、鍾正華、楊素美、妮娜、尹影、林美蓮
採錄時間：2003 年 2 月 25 日
採錄地點：花蓮縣秀林鄉水源村
口述者：胡永祥

日人尚未到 Truku 族家園時，族人就有槍枝的使用，那時是到 alang Paru（大部落，今新城）拿野獸的角與漢人換取交易得來的。以前我們的祖先常帶著獵物拿到 alang Paru（新城），很莊重的對漢人比劃溝通，告訴他們說我們帶了獵物的角來交易，對方就把堆滿槍枝及子彈的倉庫打開，與族人做交易。後來，漢人看到族人全都光著身子，只穿著

丁字褲，於是拿布料剪裁做成一塊布，把所有下山來的族人一一在腰間圍上，也給他們吃上大魚大肉。……那時候我們與台灣人是相互依賴且信任的。有幾個族人到山上狩獵常無功而返，之後看到部落的人個個都有槍枝，於是也到 alang Paru（新城）向漢人要槍枝，漢人不疑有他，但當他們一開門後隨即被那幾位族人殺害，並把槍枝搶走，後來山區的人知曉後，便把那幾位族人給殺死，以警惕部落族人不要再發生事端。……以上這些是父親 Wilang Watan（威郎‧瓦旦），以及老人家跟我談起的歷史。（註五）

本則傳說故事敘述太魯閣族人使用火槍的來源是與漢族交易而來，族人用山產野獸與漢人以物易物交易，交易的地點是在今日新城。其後有幾個族人殺害漢人搶奪槍枝，後來這幾個人被族人給殺死，以警惕部落族人不要再發生事端。

七、巴奇干部落與日人的衝突

採錄者：田貴芳、鍾正華、楊素美、林美蓮、吳秀蘭、妮娜、尹影
採錄時間：2003年3月7日
採錄地點：花蓮縣秀林鄉水源村
口述者：徐文財

以前我們 Truku 族人曾經跟日軍發生過衝突戰爭，我們族人到 alan Paru（現今新城地區），以獵物交易換得槍枝。衝突發生的地點都是在山區叢林或斷崖區域，我們族人擅長設置陷阱，以及躲在叢林裡進行襲

擊，使得許多侵入的日軍部隊喪命於山區斷崖。雖然我們太魯閣族人戰士不多，但也足夠使日軍挫敗而心生惱怒，要過了一段很長的時間，才能完全占據我們太魯閣族群的部落。（註六）

　　本則故事敘述重點有：

(一)太魯閣族的槍枝最早是與漢族交易得來。按後來族人也會自己製作槍枝和火藥。

(二)太魯閣族人與日人的戰爭，除了使用弓箭、佩刀、茅等傳統武器外，槍枝也是最重要的武器，族人非常珍愛槍枝。

(三)族人擅長設置陷阱，使得許多侵入的日軍部隊喪命於山區斷崖。

(四)族人更擅長在叢林裡的襲擊戰術，讓日軍屢屢挫敗。

註釋

註一：王玫瑰總編輯《移動的記憶（二）：太魯閣族部落史及家鄉資源調查成果冊》，花蓮秀林鄉公所，2015年12月，頁79。

註二：王玫瑰總編輯《移動的記憶（四）：太魯閣族部落史及家鄉資源調查成果冊》，花蓮秀林鄉公所，2015年12月，頁39。

註三：同註二，頁40。

註四：林維綉〈東海岸原住民部落之旅——山巒疊翠秀林鄉〉，《少年台灣》3期，2002年8月，頁81。

註五：田貴芳《太魯閣人：耆老百年回憶——男性篇》，台北，翰蘆圖書出版公司，2014年10月，頁115-116。

註六：同註五，頁185-186。

太魯閣族歌舞的故事

第三十章

一、喝酒唱歌跳舞

採錄者：陳溫蕙美、伍惠華
採錄地點：花蓮縣秀林鄉景美村
口述者：林守道

．．

　　我母親以前會唱歌，……她唱的歌是很有意思的，不是簡單的，她們也會跳 Truku 的舞，她們跳的舞與現在跳的不同，她們一起喝酒才會跳舞，男的女的都會一起跳舞，以前他們都是這樣的，男的是唱歌，女的會吹口簧琴，他們唱歌是很有意思的，跟現在唱的不一樣。

（註一）

　　本則故事敘述：
（一）以前族人在喝酒的時候，男女都會唱歌和跳舞。
（二）傳統歌唱與舞蹈和現在不一樣。
（三）族人也會吹奏口簧琴來助興。

二、慶典祭祀時唱歌跳舞

採錄者：陳溫蕙美
採錄地點：花蓮縣秀林鄉水源村
口述者：吳阿雲

．．

　　於各種歲時祭儀時，例如：祖靈祭、播種祭、收穫祭等。以前高興

的時候，就會唱歌跳舞，像是準備收割（kmtuy）小米的時候，大家都會一起收割小米，他們也會開始釀小米酒，以前是沒有賣酒的，他們會用「tepaga」過濾，就有酒喝了，這種酒喝了是會很醉的，會準備雞（rudux）、小豬（bru）、山肉（samat）煮熟，大家一起吃。以前的肉類非常多。他們收成小米會一起唱歌、跳舞來慶祝收穫（suyang kmtuy）。（註二）

　　本則故事敘述：

（一）慶典祭祀如祖靈祭、播種祭、收穫祭等，族人就會唱歌跳舞。

（二）慶典祭祀時要釀小米酒，煮雞、小豬和山肉，大家一起吃。

三、獵歸豐收唱歌跳舞

採錄者：陳溫蕙美

採錄地點：花蓮縣秀林鄉水源村

口述者：高阿足

　　我們族人以前都會唱歌，我不會唱歌，像我的母親就會和姐妹親戚一起跳舞唱歌，她們都是唱族語歌，她們是因為高興男人打獵回來豐收才會跳舞唱歌，穿著族人的衣服（pala）。族人用的樂器，不是日本人的樂器，是用口吹的竹子做的，還拉一條線，我父親會做這個樂器，父親還會做這個樂器拿去賣。（註三）

　　本則故事敘述：

（一）以前族人狩獵豐收歸來就會跳舞唱歌，也會吹奏口簧琴。

（二）報導者高阿足的父親會製作口簧琴，也會賣給族人。

四、釀酒時唱歌

採錄者：陳溫蕙美

採錄地點：花蓮縣秀林鄉景美村

口述者：高翠菊

....

　　唱歌是在釀酒的時候唱的，歌詞的內容是關於他們在森林狩獵的情況。（註四）

　　本則敘述丈夫上山狩獵，妻子就會在家釀酒以迎接狩獵凱歸，釀酒的時候也會唱歌，釀酒歌的歌詞內容是關於森林狩獵的情形。

太魯閣族舞蹈

太魯閣族舞蹈

五、馘首凱歸唱歌

採錄者：陳溫蕙美、伍惠華

採錄地點：花蓮縣秀林鄉景美村

口述者：林守道

....

　　我的祖先曾經跟阿美族相互獵頭過，他們獵頭是最大的事情，他們會在那個時候唱歌，把獵頭流出來的血跟酒一起喝，代表那是真正的男人。（註五）

　　本則故事敘述：

（一）族人出草馘首凱歸返社，慶祝儀式時就會唱歌。

（二）參加出草馘首的人會把敵首流出來的血跟酒一起喝，表示是真正的男人。

六、馘首凱歸唱歌跳舞

採錄者：陳溫蕙美

採錄地點：花蓮縣秀林鄉景美村

口述者：王明美

....

　　以前的人唱歌都有他們的意思，就連跳舞也會有。他們歡樂唱歌跳舞的時候，是在獵人頭的時候。……全部落最大的祭典是獵人頭（mangal tunux），以前的大祭典是指住家附近的人一起來歡樂的活動，

也不是很多的人，大部分是自己的朋友。（註六）

本則故事敘述：

（一）馘首行動是部落的大事。

（二）慶祝馘首凱歸，全部落的族人都要參加，大家一起唱歌跳舞歡樂。

註釋

註一：王玫瑰總編輯《移動的記憶（三）：太魯閣族部落史及家鄉資源調查成果冊》，花蓮秀林鄉
　　　公所，2015年12月，頁69。

註二：王玫瑰總編輯《移動的記憶（二）：太魯閣族部落史及家鄉資源調查成果冊》，花蓮秀林鄉
　　　公所，2015年12月，頁110。

註三：同註二，頁116。

註四：同註一，頁70。

註五：同註一，頁67。

註六：同註一，頁72。

太魯閣族神社祭祀的
故事

第三一章

一、佐久間神社祭拜

採錄者：田貴芳

口述者：林阿緻

⋯⋯⋯⋯⋯⋯⋯⋯⋯⋯⋯⋯⋯⋯⋯⋯⋯⋯⋯⋯⋯⋯⋯⋯⋯

　　我出生於 Rusaw（洛韶）山區的 Skuy（斯可依）部落，在我 10 歲時，受過日本教育所 Rusaw（洛韶）四年級畢業。⋯⋯日本總督 Sakuma（佐久間左馬太）的死，我也不知道，只記得在我讀書時期，每年正月二十八日都會到 Tpdu（天祥）部落祭拜 Sakuma Jinjya 神社，我們 Truku 族人及漢人等，一定都要去祭拜，因 Sakuma 是日本在台最高統帥。（註一）

　　本則敘述每年正月二十八日不管是太魯閣族人及漢人等都會到 Tpdu（天祥）部落祭拜佐久間總督神社，因為佐久間是日本在台最高統帥。

二、水源高砂社

採錄者：陳溫蕙美

口述者：邱清龍

⋯⋯⋯⋯⋯⋯⋯⋯⋯⋯⋯⋯⋯⋯⋯⋯⋯⋯⋯⋯⋯⋯⋯⋯⋯

　　水源村以前這裡有日本的神社，就在對面的山區，現在已經沒有了，已經被破壞崩塌了，神社的位置就在這個後面的山區。以前有一個叫 Wilang Takuh 的基督教徒，因為日本人禁止教會傳教，那時候他在這個部落傳教，因為違反當時日本人禁教的規定，後來他被日本人抓了起

來，然後被毒打，但還是繼續傳教。（註二）

本則敘述：

（一）以前水源村有日本的神社，現在已經被破壞崩塌，已經不存在了。

（二）從前有叫 Wilang Takuh 的基督教徒，因為違反日人的禁教，被日本
人抓起來毒打，他還是繼續傳教。

三、水源高砂社

採錄者：陳溫蕙美
口述者：吳阿雲

水源村有一位 Yudaw Sakuh，是早期信仰基督教的族人，因為宗教
信仰的因素，被當時禁止教會信仰的日本人抓去，後來被日本人活活的
打死了。日本人在村子對岸山區蓋了一個神社，就在學校後面靠山的地
方，很早以前被打掉了，現在已經沒有了。不是那邊那些廟，是在學校
這裡前面一點。以前部落裡的人都被警察主管帶去神社祭拜，因為這裡
的神社不大，所以要跳舞的時候，都是在學校跳舞。神社裡面有大的房
子裡面放了一間小房子，然後小房子裡面有一些字，應該是日本人自己
祖先的名字吧，就是放這些日本人的名字，他們要我們去祭拜的就是這
些人。神社裡面沒有什麼東西，就是有一間小房子，裡面擺著人的名
字，這些名字可能是日本人地位最高的祖先，這是他們所祭拜的人。這
些過去的建築，後來都被破壞了，甚至把打下來的都拿去丟掉，所以現
在都沒有了。（註三）

富世村姬旺紀念教會

富世村天主堂

本則故事敘述：

（一）有一位 Yudaw Sakuh 是本村早期信仰基督教的人，當時日人禁止教會信仰，他被抓去活活的打死。

（二）日本人在學校後面山區蓋了一個神社，很早以前就被打掉了。

（三）神社裡面有大的房子，裡面放了一間小房子，小房子裡面有一些字，應該是日本人祖先的名字吧，要族人去祭拜。

四、水源高砂社

採錄者：陳溫蕙美

口述者：高阿足

⋯⋯⋯⋯⋯⋯⋯⋯⋯⋯⋯⋯⋯⋯⋯⋯⋯⋯⋯⋯⋯⋯⋯⋯⋯⋯⋯⋯⋯⋯

水源村以前這裡有日本的神社，就在對面的山區，現在已經沒有了，已經被破壞崩塌了。就是去拜神社，神社的位置就在這個後面的山區，不像文蘭的樣子，文蘭神社的石梯很長，這裡的神社就在對面的山區。（註四）

本則敘述文蘭神社的石梯很長。

五、銅門祠

採錄者：陳溫蕙美、伍惠華
口述者：陳仁德

．．．

　　銅門村以前的太魯閣族到這裡的神社（銅門神社），各村的人都會在神社旁邊的軍功碑跳舞。在另一個口述資料有提到這個活動表演，當時包括銅門、榕樹和文蘭地區的太魯閣族在這裡舉行舞蹈競賽，也有相撲 mspung，我的父親曾經是個相撲高手。跳舞的服裝是穿太魯閣族的衣服，這是他們自己做的服裝，有女孩子的，男孩子的服裝也是一樣。就是在這裡的神社，秀林鄉各地區的人都會來這裡，那是以前最大的神社。

　　在銅門也有一座神社，這是從日本來的，有一個他們的和尚（神社住持、和尚）來到這裡，看起來長得很漂亮，不像漢人來這裡騙太魯閣族，說他們是頭目，這是漢人演的。日本人是從很遠的地方來到這裡，一起歡樂，神社的參拜大約一年一次，就只有這樣。那時候我還很小，他們從神社階梯上面丟的米糕，讓所有參與祭拜的人去撿，漢人來了之後，就沒有這樣的活動。……以前的 gaya 很多種，我們現在也有各種各樣的舞蹈，然後從電影電視上面給我們看。（註五）

　　本則故事要述如下：

（一）銅門地區（銅門、榕樹和文蘭）各村的人都會到銅門神社祭拜，各

村族人在神社旁邊的軍功碑跳舞。

（二）神社裡有一個日本的和尚（神社住持）。

（三）神社的參拜一年一次。

（四）參拜祭祀活動有舞蹈競賽，也有相撲。

（五）也有餘興節目，從神社階梯上面丟米糕，讓所有參與祭拜的人去
　　　撿。

六、崇德神祠

採錄者：田貴芳
採錄地點：花蓮縣秀林鄉崇德村
口述者：張清香

....

　　說到日本總督 Sakuma，我知道是日本大官，但在祭拜 Sakuma Jinjia
（神社），我沒有到過 Tpdu（天祥）部落祭拜，是到我們 Takiri（崇德）部
落祭拜，日本人有在我們部落祭拜 Sakuma 及其他日本大官的神社，我
們 Takiri（崇德）部落族人，一星期一次去祭拜，不像到 Tpdu（天祥）
是每年一次去祭拜，如果不去祭拜的話，那是會被日警毒打的。以前日
本人統治我們 Takiri（崇德）部落時，是很嚴格的統治我們，如有一點犯
錯，或是沒出外工作、喝酒、吵架等，鐵定會挨打，以前就有例子，我
們 Takiri（崇德）部落族人因犯錯而活生生被打死，實在是很可怕。如果
是犯偷竊，不但先挨打，再送去花蓮入獄做苦工。（註七）

　　本則故事要述如下：

（一）崇德部落在崇德神祠祭拜佐久間總督，還有其他日本大官。

（二）族人一星期一次去祭拜，不去祭拜的話，那是會被日警毒打的。

（三）日警統治非常嚴格。沒出外工作、喝酒、吵架等，鐵定會挨打。

（四）族人有因犯錯而活生生被打死者，實在是很可怕。

（五）犯偷竊的族人，不但先挨打，再送去花蓮入獄做苦工。

註釋

註一：王玫瑰總編輯《移動的記憶（四）：太魯閣族部落史及家鄉資源調查成果冊》，花蓮秀林鄉
　　　公所，2015年12月，頁99。

註二：王玫瑰總編輯《移動的記憶（二）：太魯閣族部落史及家鄉資源調查成果冊》，花蓮秀林鄉
　　　公所，2015年12月，頁114。

註三：同註二，頁111。

註四：同註二，頁116。

註五：同註二，頁79。

註六：同註一，頁72。

太魯閣族織布的故事

第三二章

一、苧麻布的染料

採錄者：陳溫蕙美、伍惠華

採錄地點：花蓮縣秀林鄉銅門村

口述者：胡春芳

....

以前織布的顏料是拿 qmagas（薯榔），那是做紅色的染料，是用 qmagas 做染料的顏色，……把它的根挖出來打碎放到 duhung（木臼）裡面，跟苧麻線攪拌，等到流出紅色的液體，再把麻線掛起來晾乾，線上的顏色不會脫落。黑色的染料……那是祖先的方法，就是積水汙黑的泥土（ruciq daan qsiya），把麻線浸泡在裡面，大約是一個晚上兩天，拿起來的麻線整個就是黑色的，這就是麻線染黑的方法，這個顏色也不會脫落，黑色就是積水汙泥染成的顏色。藍色是用 qmagas 染成的顏料（這應該就是前面講的紅色）。（註一）

白色的麻線是用九苎樹的炭灰染成（樹皮燒成灰），紅色的染料就是 qmagas，……要把它浸泡在水裡才不會變乾掉，……這個染料不是用煮的，是把 qmagas 打碎之後，將麻線混到裡面去攪拌。其他的顏色是從漢人那裡買來的毛線。Krig 就是苧麻……就是拿來做 nuqih 的材料。天氣冷的時候，不容易生長，但在冬天的時候，它就長得很多。（註二）

本則敘述傳統織布苧麻布的染料：

（一）織布的紅色染料是薯榔，跟苧麻線一起攪拌，會流出紅色的液體，麻線即成紅色的。

(二)織布的黑色染料是積水汙黑的泥土，把麻線浸泡在裡面兩天，麻
　　線即成黑色的。

(三)白色的麻線是用九芎樹燒成炭灰染成。

(四)其他的顏色是從漢人那裡買來的毛線。

二、苧麻布的白色染料

採錄者：陳溫蕙美
採錄地點：秀林鄉水源村
口述者：吳阿雲

　　我的母親會織布，她是用 krig（苧麻）的上部當做編織的原料，用
竹子捲起來做成線材，用手拉，變成 waray。然後跟木灰一起煮成白
色，就可以拿來編織衣服。（註三）

　　本則敘述麻線跟木灰一起煮，麻線即成白色。與上則相同都是用
木灰將麻線染成白色。唯本則沒有說明是用哪一種木柴的木灰，上則有
說明是用九芎樹的木灰將麻線染成白色。

現代太魯閣族女子服飾　　　　　　日治時期太魯閣族男女服飾

三、男人的褌布

採錄者：陳溫蕙美、伍惠華

採錄地點：花蓮縣秀林鄉景美村

口述者：田秋蘭

我在小的時候聽聞祖父的事情，男人只穿褌布，就是一小布塊在
私處遮蔽，故當他們出門上山的時候，我們不能跟著他們，也不能看著
他們，如果看了他，他會往我們這裡丟石頭，叫我們不要跟著他們。

（註四）

本則敘述古代男人只穿褌布的事情，褌布是一小布塊繫在私處以
遮蔽。

四、服飾的形式

採錄地點：花蓮縣秀林鄉銅門村

口述者：林秀枝

在我 16 歲的時候，我的母親就去世了。後來是大嫂教我織布，我才學會織布，……織布機件最大的是 ubung，再來是 kikut，……還有是 bgiya，那是織布的時候用的器具，就是她們會放 kusut，或者其他的什麼東西，她們會去砍箭竹（skuy），這些都是以前織布的過程。我以前看過母親織出來的紋路，那時候我 14 歲，我記得母親織 pala 的情形，那個時候就有了這些顏色，他們從漢人購買這些顏料。以前是沒有這些顏料，就是有編織 pala，但沒有毛料的顏色。國民政府光復台灣之後，才開始有毛線和染料，他們才編成這些毛料織的服飾。我沒有看過她們以前的服飾是怎麼做的，不過我看過我的母親做的服飾，那是很久以前的人穿的服裝，……那是她們當時穿的衣服樣式。

她們是用苧麻編織成的衣服，她們就像這樣穿起來之後，再把衣服綁合起來（hmkan）。這裡有織帶可以綁起來，她們做的上衣穿起來一定要織帶綁起來，如果沒有的話，衣服整個就會脫開。織帶是縫織在衣服上，就是衣服的帶子，……我母親以前編織衣服的樣式，那時候已經有織帶了。這就是以前的情形。（註五）

本則敘述如下：

(一) 織布機件有 ubung、kikut、bgiya 等。

(二) 以前傳統服飾的顏色都是白色的，光復之後，才開始有毛線和染

料，他們才編成這些毛料織的服飾。

（三）用苧麻編織成的衣服，有織帶可以綁起來，如果沒有的話，衣服整個就會脫開。

（四）織帶是縫織在衣服上，就是衣服的帶子。

註釋

註一：王玫瑰總編輯《移動的記憶（二）：太魯閣族部落史及家鄉資源調查成果冊》，花蓮秀林鄉公所，2015 年 12 月，頁 82。

註二：同註一，頁 83。

註三：同註一，頁 110。

註四：王玫瑰總編輯《移動的記憶（三）：太魯閣族部落史及家鄉資源調查成果冊》，花蓮秀林鄉公所，2015 年 12 月，頁 61。

註五：同註一，頁 71。

國家圖書館出版品預行編目資料

太魯閣族神話與傳說／田哲益（達西烏拉彎・畢馬）著 . --
初版 . -- 臺中市：晨星，2020.07
　　面；　公分 . -- （台灣原住民；67）
ISBN 978-986-5529-01-7（平裝）

1. 太魯閣族 2. 神話 3. 文化研究

536.3313　　　　　　　　　　　　　　　109005051

線上讀者回函，
加入馬上有好康。

台灣原住民 067
太魯閣族神話與傳說

作　　　　者	田哲益（達西烏拉彎・畢馬）
主　　　編	徐惠雅
執 行 主 編	胡文青
校　　　對	田哲益、陳育茹、胡文青
美 術 設 計	李岱玲
封 面 設 計	陳正桓

創　辦　人　陳銘民
發　行　所　晨星出版有限公司
　　　　　　台中市 407 工業區 30 路 1 號
　　　　　　TEL：04-23595820　FAX：04-23597123
　　　　　　E-mail：service@morningstar.com.tw
　　　　　　http：//www.morningstar.com.tw
　　　　　　行政院新聞局局版台業字第 2500 號
法 律 顧 問　陳思成律師
初　　　版　西元 2020 年 07 月 10 日
劃 撥 帳 號　22326758（晨星出版有限公司）
讀 者 專 線　(02)23672044 / 23672047

印　　　刷　上好印刷股份有限公司

總 經 銷　知己圖書股份有限公司
　　　　　　台北　台北市 106 辛亥路一段 30 號 9 樓
　　　　　　TEL：（02）23672044 / 23672047
　　　　　　FAX：（02）23635741
　　　　　　台中　台中市 407 工業 30 路 1 號
　　　　　　TEL：（04）23595819　FAX：（04）23595493
E - m a i l　service@morningstar.com.tw
網 路 書 店　http://www.morningstar.com.tw
郵 政 劃 撥　15060393
戶　　　名　知己圖書股份有限公司

定價 400 元
（如有缺頁或破損，請寄回更換）
ISBN：978-986-5529-01-7
Published by Morning Star Publishing Inc.
Printed in Taiwan